Günther Böhme / Frank-Olaf Brauerhoch / Silvia Dabo-Cruz:

Forschung als Herausforderung

Zum wissenschaftlichen Potential
und ehrenamtlichen Engagement der Älteren

Günther Böhme
Frank-Olaf Brauerhoch
Silvia Dabo-Cruz

Forschung als Herausforderung

Zum wissenschaftlichen Potential und ehrenamtlichen Engagement der Älteren

Schulz-Kirchner Verlag
Idstein 1998

Die Deutsche Bibliothek - CIP-Einheitsaufnahme

Böhme, Günther:
Forschung als Herausforderung : zum wissenschaftlichen Potential
und ehrenamtlichen Engagement der Älteren / Günther Böhme ;
Frank-Olaf Brauerhoch ; Silvia Dabo-Cruz. - Idstein : Schulz-Kirchner, 1998
ISBN 3-8248-0185-X

1. Auflage 1998
ISBN 3-8248-0185-X

Druck und Bindung: Rosch-Buch Druckerei GmbH, Scheßlitz
Printed in Germany

Inhalt

Vorwort

Diese kleine Schrift erhofft sich die Aufmerksamkeit derjenigen, die als Ältere sich - vielleicht zum ersten Mal - einem Studium zuwenden, ohne damit einen akademischen Abschluß anzustreben. Sie will aber auch diejenigen ansprechen, die als Planende und Lehrende am Seniorenstudium beteiligt sind. Sie ist aus einem doppelten Bedürfnis entstanden: die sich immer mehr für Ältere öffnenden Hochschulen und die daraus erwachsenden Institutionen auf Sinn und Funktion hin zu betrachten und zum anderen den Sinn eines akademischen Studiums für Ältere mitsamt den dahinter stehenden Bedürfnissen zu erkunden. Welche Aufgaben haben Seniorenuniversitäten? Warum suchen Ältere nach Bildungsmöglichkeiten an der Universität oder in Institutionen, die der Hochschule angeschlossen sind? Welche Aufgaben können derartige Einrichtungen übernehmen, die von anderen längst etablierten Institutionen der Erwachsenenbildung nicht erfüllt werden können? Und welche spezifischen Bedürfnisse werden damit befriedigt? Was schließlich bedeutet die Teilnahme Älterer an Forschung und Lehre für die Teilnehmenden und die Lehrenden?

Der erste Teil möchte daher, wie der geneigte Leser rasch feststellen wird, darstellen, was Wissenschaft, was Teilnahme an Wissenschaft, was die Mitwirkung Älterer am Wissenschaftsprozeß für Ältere heißen und was sie für die Wissenschaft bewirken kann. Er mündet in eine Beschreibung der Aufgaben von sogenannten „Universitäten des 3. Lebensalters“, indem deren Funktionen von denen einer allgemeinen Erwachsenenbildung klar abgehoben werden. Der Mitwirkung Älterer an Forschung gilt das besondere Augenmerk.

Der zweite Teil stellt - gleichsam vom anderen Pol des Spannungsbogens - an einem Projekt, das sich mit dem neuerdings vielfältig diskutierten Problem der Beteiligung Älterer am Forschungsprozeß beschäftigte, anschaulich dar, wie derartige Beteiligung sich vollzieht. Es kann daraus abgelesen werden, wie eine doppelter Sinn in diesem Geschehen gefunden werden kann: einmal die Bereicherung Älterer durch den Umgang mit

Wissenschaft und der damit erreichte Zugewinn an Erfahrung, zum anderen die Bereicherung der Wissenschaft durch die systematische Erkundung und Verarbeitung der Erfahrung Älterer.

Diese Schrift mit ihrer Darbietung der Verflechtung von Wissenschaft und Praxis kann für die „Anfänger" im Wissenschaftsbetrieb, wenn ihre Intentionen sichtbar geworden sind, gleichsam als ein kleines Propädeutikum gelesen werden. Sie vermag denen eine Orientierungshilfe zu geben, die lernen wollen, sich „ohne Leitung eines anderen" (wie es Kant vom mündigen Bürger fordert) im akademischen Raum zu bewegen. Sie will deutlich machen, worauf sich einläßt, wer sich auf Wissenschaft einläßt. Aber damit zugleich will sie zum Schritt in eben den akademischen Raum hinein ermuntern und ermutigen. Wer ihn tut, wird sich durch einen nicht geringen Zugewinn an wissenschaftlicher Bildung belohnt finden - auch wenn solche Bildung nicht ohne Arbeit, die auf den Anspruch des Geistes antwortet, und nicht ohne die von der Wissenschaft geforderte systematische Bemühung um Erkenntnis zu haben ist.

Am Rande darf vielleicht noch bemerkt werden, daß der offensichtliche Erfolg der Universität des 3. Lebensalters an der Johann Wolfgang Goethe-Universität nicht zuletzt, wie sich die Autoren schmeicheln, auf das in diesem Büchlein vorgestellte Wissenschaftskonzept zurückzuführen ist. Diskussion ist erwünscht, Nachahmung empfohlen.

Frankfurt am Main
im Oktober 1997

Günther Böhme

Der ältere Mensch im Wissenschaftsbetrieb

Die nachfolgende Studie, die zugleich als Hinführung zum zweiten Teil dieser Schrift gedacht ist, fragt nach dem Sinn der Begegnung mit Wissenschaft für ältere Menschen. Sie untersucht die Prämissen eines sogenannten Seniorenstudiums: Welche Voraussetzungen sind bei einem Seniorenstudium zu erfüllen? Sie diskutiert Sinn und Funktion von akademischen Institutionen für ältere Menschen: Worin liegt die Attraktivität der Wissenschaft für Senioren? Sie reflektiert die Bedeutung eines offenen, nicht abschlußbezogenen Studiums für ältere Menschen: Wozu sollten sich Ältere der Mühe eines Studiums unterziehen? Und sie beschäftigt sich mit den Möglichkeiten einer Teilhabe älterer Menschen am Forschungsprozeß; sie betrachtet die Möglichkeiten eines Beitrags älterer Menschen zur Forschung: Gibt es einen signifikanten Unterschied zwischen Alt und Jung bei der Beteiligung an der Forschung? Zugleich zeigt sie einige Ansatzpunkte für Forschungsprojekte, von denen ältere Menschen betroffen sind und bei denen die Mitwirkung älterer Menschen nicht nur sinnvoll, sondern auch erwünscht sein kann.

Ausführungen, die die Wissenschaft selbst und den Umgang mit ihr zum Thema haben, müssen notwendigerweise abstrakt und auf hohem theoretischen Niveau sein. Sie sind anspruchsvoll. Das stellt nicht geringe Anforderungen an die Lektüre. Diese können dort nicht reduziert werden, wo es um die Vergewisserung des Standorts und der theoretischen Rechtfertigung einer akademischen Institution geht. Die Schwierigkeiten werden dadurch nicht geringer, daß es sich um ein kompaktes Verfahren der Darstellung handelt. Aber Wissenschaft ist, wie man weiß, ohne ein geduldiges und kritisches Bedenken von Aussagen nicht zu haben.

I.

Es hat sich inzwischen herumgesprochen: immer mehr ältere Menschen besuchen die Hochschulen und Universitäten, immer mehr akademische Institutionen öffnen sich für ältere Erwachsene, immer mehr Universitäten haben - unter unterschiedlichen Namen - spezifische Einrichtungen für das sogenannte Seniorenstudium geschaffen. Die unterschiedlichen Formen der Institutionalisierung zeigen, daß die etwa um 1980 entstehenden Einrichtungen einem wenig artikulierten, allgemeinen Bedürfnis ohne zunächst deutlich erkennbare Zielsetzung folgten. An der Universität Frankfurt a. M. ist die Zahl derer, die im Rahmen der „Universität des 3. Lebensalters" einem selbstorganisierten Studium nachgehen, in den letzten zwölf Jahren kontinuierlich von ca. 170 auf ca. 1700 im Wintersemester 1997/98 gestiegen; davon sind zwei Drittel Frauen. Die Altersspanne liegt etwa zwischen 60 und 90 Jahren. Das Gros der Teilnehmer findet sich, wie erwartbar, zwischen 65 und 75 Jahren. Doch macht sich deutlich bemerkbar, daß die Zahl der jungen Älteren, der um die 60 Jahre alten, permanent in Steigerung begriffen ist; die um sich greifende Verkürzung der Arbeitszeit und Frühverrentung macht sich auch hier bemerkbar. Damit steigt auch der Anteil der Männer, der sich bislang kontinuierlich bei rd. 30 % hielt. Welche Folgen das für die Studienkonzeption; für die Nachfrage nach Lehre und das Angebot der Institutionen haben könnte, muß noch erforscht werden. Auch bleibt der Einfluß der Entwicklung auf gerontologische Theorien und das Altersbild völlig offen. Vielleicht ist hier ein Ansatz für die Integration Älterer in den Forschungsprozeß zu finden? Man wird zusehen. Noch ist ja nicht einmal ausgemacht, wie ein entsprechendes Forschungsprojekt definiert werden müßte, ja ob überhaupt ein Forschungsinteresse vorliegt; auch wäre zu ermitteln, wieweit damit auch die Betroffenen selbst, die Älteren, angesprochen und als Forschende beteiligt werden.

Natürlich handelt es sich nicht um ein Phänomen regional begrenzter Art. Die genannten Tendenzen sind im ganzen Bundesgebiet - und darüber hinaus in den Industrienationen - zu registrieren. Die Antworten der Institutionen auf die sich steigernde Nachfrage sind, wie angedeutet, unterschiedlich; sie reichen von der Ermöglichung der Teilnahme an allgemeinen Studiengängen der Universität im Gasthörerstatus bis zu differenzierten, speziell für die Gruppe der älteren Studierenden konzipierten Angeboten. Die organisatorischen und didaktischen Divergenzen der Institutionen für Seniorenstudium resultieren aus der verbreiteten Ratlosigkeit darüber, was denn eigentlich Seniorenstudium sein soll oder sein kann, welchen Bedürfnissen es gerecht werden soll, welche gesellschaftliche Relevanz ihm beizumessen ist, welche individuellen, aber generalisierbaren Ansprüche darauf gerichtet sind. Diese Unschärfe zeigt sich schon darin, daß nicht einmal ein allen betroffenen Institutionen gemeinsamer Begriff für das mit „Seniorenstudium“ Gemeinte gefunden ist.

Insoweit geht man nicht fehl mit der Feststellung: Das Seniorenstudium (oder was immer man unter dem Besuch älterer Erwachsener von akademischen Einrichtungen verstehen mag) entspricht einem breit gefächerten Bedürfnis einer wachsenden Zahl von Menschen; aber niemand vermag dieses Bedürfnis unzweideutig und vor allem allgemeingültig zu formulieren. Das vermögen bislang weder die Betroffenen noch die betroffenen Institutionen. Was heißt Seniorenstudium und wodurch unterscheidet es sich vom Studium Jüngerer? Welches Bedürfnis soll mit dem Seniorenstudium befriedigt werden? Könnte es nicht gar sein, daß nach dem ökonomischen Prinzip von Angebot und Nachfrage - und ökonomische Prinzipien überlagern doch in der europäischen Gesellschaft alle anderen Prinzipien, selbst die der Bildung - ein Bedürfnis geweckt wurde, das sich erst der Existenz der Bildungsangebote an akademischen Einrichtungen verdankt? Aber dann bliebe noch die Frage, um welches Bedürfnis es sich tatsächlich handelt - denn mit Bildung wird auf etwas verwiesen, das seinerseits höchst erklärungsbedürftig ist. Bildungsangebote bieten nicht Bildung an, sondern die Möglichkeit, sich zu bilden. Die Menschen, die Bildungsbedürfnisse befriedigen, tun das im Blick auf höchst unterschiedliche Bedürfnisse. Geht es um Bildung für eine berufliche oder berufsähnliche Praxis? Um Bildung für den Alltag? Um Bildung für ein neues Weltverständnis? Um Bildung seiner selbst? Um Bildung als Vorsorge für die letzte Lebensspanne?

Man wird, wenn man die auf Bildung zielenden Fragen bedenkt, sich sehr schnell darüber verständigen, daß das in Rede stehende Bedürfnis Älterer, vom Bildungsangebot akademischer Einrichtungen Gebrauch zu machen, in Wahrheit ein Bündel von Bedürfnissen darstellt. Und dieses Bündel ist insofern noch nicht einmal spezifischer, auf den akademischen Betrieb gerichteter Natur, als viele der immer wieder ins Feld geführten Bedürfnisse keineswegs nur oder auch nur vorrangig von akademischen Institutionen befriedigt werden müssen (könnten?). Dazu zählt etwa das von Älteren immer wieder gern genannte Bedürfnis nach Begegnung der Generationen oder das Bedürfnis, dem Alter einem Sinn zu geben oder auch das Bedürfnis nach Erfahrungsaustausch. Das gute Recht solcher und anderer Bedürfnisse ist nicht zu bestreiten. Wodurch aber und von wem sollen sie befriedigt werden? Um das zu beantworten, muß man sie erst einmal kennen. Und wenn man sie kennt, wird man zu fragen haben, ob es zu ihrer Befriedigung einer akademischen Institution bedarf.

Natürlich gibt es Umfragen, mit denen versucht worden ist, die entsprechenden Bedürfnisse Älterer zu ermitteln. Aber die Antworten bringen entweder Erwartbares wie etwa die Auskunft, daß Frauen den Besuch geisteswissenschaftlicher, Männer den Besuch naturwissenschaftlicher oder auch wirtschaftswissenschaftlicher Veranstaltungen bevorzugen, um dort ihr Bildungsbedürfnis zu befriedigen; oder sie bringen so Banales wie die Feststellung, daß ältere Menschen nur in seltenen Fällen ein abschlußbezogenes Studium betreiben wollen. Soweit dieser Wunsch nach einem akademischen Abschluß besteht, erfüllt man ihn sich durch die Teilnahme am Regelstudium der Universitäten im Status des immatrikulierten Studenten oder des Gasthörers, nicht aber durch die Teilnahme am Seniorenstudium. Das Seniorenstudium ist ein offenes, nicht an Studienordnungen und spezifische Qualifikationen gebundenes Studium. Ein Indiz dafür ist neben anderen, daß unter den Bedürfnissen, die durch ein Seniorenstudium befriedigt werden sollen, der Wunsch nach aktiver Teilnahme am Forschungsprozeß oder nach Möglichkeit zu eigener Forschung keine oder allenfalls eine höchst marginale Rolle spielt. Darüber belehrt ein Blick in die einschlägigen Publikationen, deren Aussagen zumindest in diesem Punkt der einschlägigen Bedürfnisse und deren Befriedigung an Universitäten nur geringfügig von einander abweichen. So wird bei Baltzer u. a. aus Marburg berichtet, daß es folgende Beweggründe zum (Senioren-)Studium gäbe: Wissenserweiterung, Interesse am Kontakt mit der jüngeren Generation, Interesse an bisher zu kurz gekommenen Themen, Studium als Jugendwunsch, Studium als neues sinnvolles Betätigungsfeld, Interesse am Kontakt mit Gleichaltrigen, Interesse an berufsbezogenen Themen, Interesse an nichtberufsbezogenen Themen. Hier ist nirgends von Wissenschaft als Beweggrund die Rede; allenfalls steht er hinter den unmittelbar mit Studium verbundenen Beweggründen. Allerdings wird dabei wohl eher an ein Regelstudium mit Abschluß zu denken sein als an ein Seniorenstudium. Und von Forschung gar ist überhaupt nicht die Rede. Ganz ähnliche Auskünfte wird man - wie im gleichen Kontext zu lesen - auch von der Frankfurter Institution, der dortigen Universität des 3. Lebensalters, erhalten. Eine in Frankfurt a. M. durchgeführte Erhebung von 1996, bei Breloer dokumentiert, führt auch nicht weiter. Hier wurden unter dem Stichwort „Das Interessante an der Universität des 3. Lebensalters“ eben 6 Momente hervorgehoben: Kennenlernen interessensverwandter Menschen, Kommunikative Möglichkeit zur Weiterbildung (übrigens weitaus am häufigsten genannt), Persönliche Anerkennung und Weiterentwicklung, Erfahrungen durch Universitätszugehörigkeit. Was sich hinter letzterem verbirgt, ist nicht zu erkennen (und es hat auch die wenigsten Stimmen erhalten). Jedenfalls ist nirgends ausdrücklich auf Wissenschaft und Forschung abgestellt. Außer dem letzten Stichwort ist nichts, das universitätsspezifisch wäre und nicht auch auf andere Bildungseinrichtungen gerichtet sein könnte, Weiterbildung ist sogar inzwischen zum Synonym für Erwachsenenbildung geworden - und diese hat ihre eigenen Institutionen.

In der Bilanz von Lothar Zahn, um eine besonders umsichtige, wenn auch nicht allenthalben empirisch abgestützte Darstellung des Seniorenstudiums zur Auskunft zu nützen, werden 6 „allgemeine geschichtliche Gründe und Motive“ für eine akademische Seniorenbildung genannt: die demographische Begründung, die zivilisatorische Begründung, das demokratische Motiv, die soziologische Begründung aus der neuen nachberuflichen Situation, das erziehungswissenschaftliche Motiv (womit das bildungstheoretische gemeint ist), das didaktische Argument des intergenerativen

Lernens. Auch hier wird weder mit Wissenschaft noch mit Forschung argumentiert, mindestens scheinen sie motivational nicht brauchbar zu sein. Das zeigt sich auch, wenn derselbe Autor nach „lebensgeschichtlichen Argumenten und Motiven“ Ausschau hält und nur die folgenden vier aufbieten kann: Das kompensatorische Motiv eines Ausgleiches für entgangene Bildungschancen, das Identitätsmotiv eines neuen Selbstgewinns, die Erfüllung einer andauernden Lernfähigkeit, das Motiv einer lebensfördernden Aktivität. Gewiß ist gegen diese - und denkbare ähnliche - Motive kein einziges plausibles Argument vorzubringen. Es bleibt nichtsdestoweniger auffällig, daß weder in der Untersuchung selbst nach Wissenschaft und Forschung ausdrücklich gefragt wird noch die Beschäftigung mit Wissenschaft und die Teilhabe an Forschung für Ältere eine eigene Motivationskraft zu haben scheinen.

Es stellen sich mehrere Fragen. Da ist die eine, ob in den genannten Motiven latent ein Interesse an Forschung und den Einsichten der Wissenschaft enthalten ist. So könnte eine „lebensfördernde Aktivität“ auch die Mitwirkung an Forschung oder forschendes Lernen sein. Eine andere Frage zielt darauf, welches Profil die Motive erhalten, wenn sie ausdrücklich auf Wissenschaft projiziert werden. Wieweit etwa kann Wissenschaft noch im Alter entgangene Bildungschancen kompensieren? Man könnte sich auch fragen, ob die genannten Motive mindestens in ihrer Mehrheit ein Seniorenstudium überhaupt rechtfertigen, wofür sie doch herangezogen werden. Es sind schließlich Erwartungen darauf gerichtet, die von einem akademischen Studium nicht erfüllt werden können. Andererseits ist wenigstens die zurückhaltende Frage erlaubt, ob dieser Zustand des Gespaltenseins zwischen Teilnahme an Wissenschaft und Distanz zur wissenschaftlichen Methodik und Systematik aufrecht erhalten werden muß. Wäre es nicht einer Prüfung wert, ob nicht auch das Seniorenstudium den Merkmalen eines jeglichen Studiums genügen sollte, nämlich systematisch und strukturiert, fachbezogen und qualifikationsorientiert zu sein? Oder müßte es nicht, um den Namen eines Studiums zu verdienen, in aller Form den Regeln der wissenschaftlichen Weiterbildung genügen?

Das in extenso umfassend zu diskutieren, kann hier nicht die Absicht sein. Es liefe auf nicht weniger als - in Analogie zu einer Theorie der Schule - auf eine begründete Theorie der Institution für ältere Studierende hinaus. Eine solche liegt noch nicht vor; sie sieht sich der Schwierigkeit gegenüber, auf Institutionen ganz unterschiedlicher Struktur (und unterschiedlichen Namens) projiziert werden zu müssen - und einem im Grunde unbekannten Bündel von Erwartungen und Ansprüchen gegenüber zu stehen. Sollte sich hier ein Forschungsfeld für Ältere als die Betroffenen auftun? Eine solche Untersuchung müßte sich, methodisch sorgfältig gestützt, systemtheoretischer, soziologischer, komparatistischer und erziehungswissenschaftlicher Annahmen und Vorgaben versichern, auch hochschuldidaktische Aspekte erwägen, in entwicklungspsychologische Erkenntnisse vordringen und sich schließlich bildungsphilosophisch rechtfertigen. Daß dazu noch viele Vorarbeiten zu leisten sind, liegt auf der Hand. An dieser Stelle wird man sich mit einer hypothetischen Formulierung bescheiden müssen, die sich auf Erfahrungswerte der Arbeit mit älteren Menschen an der Universität stützt. Dabei unterliegen freilich auch diese Erfahrungen unvermeidlich einer perspektivischen Verkürzung.

Die Hypothese für eine Theorie der wissenschaftlichen Institution für ältere Menschen könnte lauten: *Die Institution* (der Name bleibe offen, ob Universität des 3. Lebensalters oder Akademie für Ältere oder Universitäres Seniorenstudium o. ä.) *ermöglicht die Begegnung mit der Wissenschaft und die Orientierung im akademischen Raum zum Zwecke der Teilnahme am Wissenschaftsprozeß in Forschung und Lehre; sie setzt keine schulischen Abschlüsse voraus und führt zu keinen akademischen Abschlüssen, aber sie attestiert erworbene Qualifikationen.*

Die Hypothese, wie das mit Hypothesen notwendigerweise geschieht, wird nicht ohne Widerspruch bleiben; sie ist auf Revision angelegt, wenn anders man überhaupt von der Hypothese zu Thesen fortschreiten will und von diesen zur Theorie gelangen möchte, die für Praxis tragfähig ist. Jede Hypothese hat den Charakter der Vorläufigkeit: sie ist Arbeitsinstrument, aber nicht endgültige Aussage. Nichtsdestoweniger enthält sie einige Prämissen, auf die man schlechterdings nicht wird verzichten können. Sie sind die Bausteine der Konstruktion, die sich hinter der Hypothese verbirgt. Diese sollen, ohne unnötig weitschweifig zu werden, benannt und begründet sein. Damit können zugleich die Anschlußprobleme sichtbar werden, die sich aus der hypothetischen Fixierung auf eine bestimmte Form der Institutionalisierung des Seniorenstudiums ergeben. In ihrer Erweiterung und Verknüpfung liegt der Schritt von der Hypothese zur These.

Zu Beginn der Hypothese wird sofort auf das Spezifikum der Institution abgehoben, wodurch sie sich von anderen Bildungseinrichtungen und -angeboten unterscheidet: es wird von der Ermöglichung der Begegnung mit der Wissenschaft gesprochen. Diese ist in der Tat nur im akademischen Raum gegeben, soweit nämlich sich Wissenschaft als die Einheit von Forschung und Lehre darstellt: die permanente Durchdringung der Lehre mit Fortschritten in der Erkenntnis durch Forschung auf bestimmten Gebieten. Man übersehe nicht, Begegnung mit Wissenschaft als einem Komplex von Wissensinhalten ist an vielen Orten der Wissens- und Bildungsvermittlung außerhalb der Universitäten möglich; sie sind aber nicht Orte der Wissenschaftsproduktion. Dazu gehört mehreres; davon wird im Folgenden noch wiederholt zu handeln sein. Hier sei zunächst nur ein Überblick gegeben, der die wichtigsten Bedeutungen sichtbar macht. Und zwar bedeutet Teilnahme am akademischen Studienprogramm die Teilnahme am Wissenschaftsprozeß, am Fortgang der Wissenschaft, an der Sequenz von wissenschaftlichen Erkenntnissen. Es bedeutet damit auch die virtuelle Teilnahme an Wissenschaftsmethodik, Integration in methodische Wissenserzeugung und Kommunikation im Forschungsprozeß. Und die Teilnahme an der akademischen Lehre bedeutet die Teilnahme an der Transformation von in der Forschung gewonnenen Wissenspartikeln in einen systematischen Erkenntniszusammenhang, heißt somit Teilnahme an der Wissensproduktion durch Wissenschaft. Teilnahme an Forschung und Lehre bedeutet insoweit idealiter die Partizipation am neuesten Stand der Erkenntnisse in je einem Bereich der Wissenschaft.

Nächst der Ermöglichung von Begegnung mit der Wissenschaft, welche die Hypothese an den Anfang stellt, ist von „Orientierung im akademischen Raum“ die Rede. Das will besagen, daß der akademische Raum eigene Strukturen hat, deren Kenntnis nicht vorausgesetzt werden kann. Da die älteren Studierenden zu einem erheblichen Teil sich zum ersten Mal in diesem Raum bewegen und daher der Hilfe bedürfen, sich darin selbständig bewegen zu können und dadurch zu einer sinnvollen, ihnen selbst bedeutsamen Teilnahme am Wissenschaftsprozeß instand gesetzt zu werden. Aber auch denen, die bereits mit dem akademischen Betrieb vertraut zu sein scheinen, wird eine Orientierung unentbehrlich sein: Einerseits hat sich seit ihrer frühen Begegnung mit der Wissenschaft der akademische Betrieb durchaus gewandelt, die Form der Lehre hat andere Gestalt angenommen, die akademischen Lehrer entsprechen nicht mehr überkommenen Bildern; andererseits sind die Erwartungen an Wissenschaft im Alter andere als in der Jugend, der Aufbau des Studiums im Alter folgt eigenen Gesetzen, wie ja auch das Bildungsplafond ein anderes geworden ist. Alles das macht den Zugang zum akademischen Raum zu einem problematischen Unternehmen.

Daß die für Senioren arrangierte Institution eine Bildungsinstitution ist, ergibt sich aus der ihr zugeschriebenen Funktion der Ermöglichung der Teilnahme an Forschung und Lehre, Lehre hat notwendigerweise zu ihrem Korrelat das Lernen; ohne das ginge sie ins Leere. Auch der Gelehrte ist in die Lehre gegangen, hat gelernt. Zur Bildungsinstitution wird sie, insofern sie nicht nur Lerneffekte erzeugt, sondern im Verbund mit diesen zum Verständnis von Sinnfragen und zur Einsicht in Welt-, Lebens- und Gesellschaftszusammenhänge führt.

Daß die Institution keine schulischen Abschlüsse voraussetzt, teilt sie zwar mit Volkshochschule und anderen Einrichtungen verwandter Art, sie hat aber im akademischen Rahmen ihr weiteres Spezifikum darin, daß sie ein nach dem Ende hin offenes Studienangebot macht, sie ermöglicht ein Studium, das weder durch Zwischenprüfungen noch Examina noch auch durch Regelstudienzeiten, Studienordnungen und obligatorische Fächerkombinationen eingegrenzt ist. Es hat Verwandtschaft mit einem Studium generale. Dieses Spezifikum als eine Variante des akademischen Betriebs und Besonderheit eines auf individuelle Bildung angelegten Studiums gehört wesentlich zu Aussagen einer Hypothese, die so konzis wie möglich eine

Beschreibung der für ein Seniorenstudium geschaffenen Institution zu geben versucht - eine Beschreibung, die in ihrer Reichweite erst durch die Analyse der Begriffe erkennbar wird.

Den Effekt der Offenheit des Studiums sieht man nicht zuletzt daran, daß „Langzeitstudierende" hier eher die Regel als die Ausnahme sind. Das hängt damit zusammen, daß es sich um eine Bildungsinstitution handelt, die auf individuell definierte Bildung abstellt, nicht aber auf gesellschaftlich definierte Fachbildung. Es gibt keinen verbindlichen Lehrkanon, dessen Befolgung als Ausweis von Bildung verstanden wird (was im übrigen auch für die Schule nicht mehr gilt, die den Gedanken der Allgemeinbildung über Bord geworfen hat, mit diesem wohl auch den Gedanken der Bildung überhaupt und damit auch nicht mehr die Studierfähigkeit ihrer Absolventen gewährleisten kann). Dem Studium der Älteren fehlen zwei für das Regelstudium typische Merkmale: die nachweisbare fachbezogene Qualifikation, die bestimmten Standards folgt, und die Selektion, die mit der Befolgung von Studienplänen, Studienordnungen und Examina verbunden ist; es müssen nicht bestimmte Bedingungen erfüllt und Erwartungen eingelöst werden, die zu verfehlen zum Ausschluß vom Studium führt, die zu erfüllen in einen besonderen Kreis von Fachleuten einzutreten bedeutet. Die fehlende Selektion beim Seniorenstudium zeigt sich schon beim Eintritt in die Institution, der prinzipiell keinen Erwachsenen verwehrt ist.

Mit dem allen ist zugleich gesagt, daß die oben formulierte Hypothese auch zum Ausdruck bringen soll, daß es nicht die Aufgabe der Institution ist, abschlußbezogene, Fachwissen erzeugende akademische Studiengänge anzubieten, die immer auch eine berufsfeldbezogene Orientierung haben. Sie will und kann kein Ersatz für ein Regelstudium mit Abschluß sein, das allein Universitäten im vollen Sinn des Wortes zu bieten vermögen. Nichtsdestoweniger hat sie dem Anspruch der Wissenschaftlichkeit zu genügen und sich als akademische Institution zu verstehen. Das bedeutet immer auch, daß sie den Zugang zu einem gegliederten, wenn auch der Selbstbestimmung der Studierenden unterliegenden Studium ermöglichen muß. Damit verbindet sich die von der Institution zu leistende Hilfe bei einem systematischen Lernen, über dessen Fortschritte Kontrolle möglich sein muß - eine Kontrolle, die sich anders als bei Examina nicht in Zensuren ausdrücken kann, wohl aber im vom Studierenden gesuchten Gespräch oder in der qualitativen Bewertung von Studienleistungen. Die Hypothese spricht deshalb vom Attestieren erworbener Qualifikationen, die unabhängig von Prüfungen sind. Damit soll der Anschluß an wissenschaftliche Standards erreicht werden, ohne der individuellen Qualifizierung Abbruch zu tun.

Damit ist nun die Grenze erreicht, die durch die in Rede stehende Hypothese zu einer Theorie der akademischen Institution für Seniorenbildung gegeben ist. Man wird erkennen, daß sich die Hypothese auf die Herausstellung der Spezifika beschränkt, durch die sich die Institution von ähnlichen Einrichtungen außerhalb des akademischen Raumes unterscheidet und durch die ihr Aufgaben zugewiesen werden, die von anderen nicht wahrgenommen werden können. Vielleicht ist es nicht gleichgültig hervorzuheben, daß damit eine völlig wertneutrale, nur auf sachliche Unterscheidung gerichtete Aussage gemacht ist, will sagen, die Bildungsarbeit anderer Institutionen keinesfalls geschmälert wird. Diese bleibt außerhalb jeder Einschätzung oder Würdigung. Es fehlen ohnehin die Mittel exakter Messung der Wirkung von Bildungsinstitutionen. Ihre Effektivität in der Erzeugung von Bildung Erwachsener, gar älterer Erwachsener ist durchaus noch unerforscht. Es wäre denkbar, daß sich die akademische Institution gerade dieser Aufgabe einmal annimmt: an älteren Menschen - und vielleicht mit diesen - zu erkunden, welchen Einflüssen, welchen Formen der Lehre, welchen Institutionen sie ihre Bildung zu danken haben. Und natürlich wäre es aufschlußreich zu ergründen, welche Teilnahme an akademischer Lehre und Forschung nicht nur, sondern welche habituelle Form der Teilnahme an akademischer Forschung und Lehre sich in Bildung niederschlägt.

II.

Man wird, wenn man sich solche weithin ungeklärte Fragen vorlegt, nicht so töricht sein, damit den Wert der Öffnung von Universitäten für ältere Menschen grundsätzlich in Frage zu stellen - abgesehen davon, daß die Öffnung ohnehin längst vollzogen ist. Es gibt genug triftige Argumente dafür; sie müssen an dieser Stelle nicht wiederholt werden. Man wird aber erneut zu der Frage zurückgeführt: welche Bedürfnisse tatsächlich von akademischen Institutionen dieser Art besser als von anderen Institutionen befriedigt werden können. Und die wissenschaftliche Neugier würde gern etwas mehr über die individuellen Effekte erfahren, die aus der Teilnahme an wissenschaftlichen Veranstaltungen resultieren. Wann und wie schlägt Wissenszuwachs bei Älteren in Bildung um, wann und wie erfährt die Bildung Älterer, die diese ja bereits mitbringen, eine qualitative, meßbare Erweiterung von allgemeiner oder fachspezifischer Bildung, wie vertiefen sich diese? Worin überhaupt liegt der Sinn wissenschaftlicher Bildung für Ältere? Was bewirkt Teilnahme Älterer am Forschungsprozeß?

Ist damit das Problem der Bildung angesprochen (ohne daß damit schon der Bildungsbegriff erörtert wäre), so damit zugleich auch das Problem des Umgangs mit Bildung in einer akademischen Institution. Vielleicht könnte man auch von der wissenschaftlichen Problematisierung der Bildung sprechen. Wissenschaft hat nicht nur die Aufgabe, Wege zur Bildung zu zeigen, sondern vorab nach den Wegen selbst zu fragen, die zu Bildung führen. Oder stellte sich Bildung gleichsam naturwüchsig ein, wenn man nur ausdauernd und gründlich genug lernt? Oder bedarf es vielleicht gar keines systematischen Lernens, um zu Bildung zu gelangen? Kommen Autodidakten ohne Bildungsinstitutionen aus?

Natürlich sind diese Fragen in provokativer Absicht ausgesprochen und sind nicht Ausdruck einer fundamentalen Skepsis, die grundsätzlich an der Beantwortungsmöglichkeit der Bildungsfrage, von der die Älteren betroffen sind, zweifelt. Tatsächlich gibt es doch viele Antworten, von denen man freilich bei Organisation der Institutionen viel weniger Gebrauch macht als wünschenswert wäre. Die Provokation soll denn auch in diese Richtung gehen, nämlich in Richtung der akademischen Institutionen, von denen Bildungsvermittlung erwartet wird. Kennen sie die Erwartungen, die an sie gerichtet sind? Kennen sie die Bildungsbedürfnisse der Älteren? Das Nachdenken soll dabei auf unterschiedliche Erwartungen und Ansprüche gerichtet werden. Anders ausgedrückt: Die akademische Institution für Seniorenbildung teilt mit anderen Institutionen wie Volkshochschule, kirchliche Bildungswerke, Gewerkschaftseinrichtungen u.v.a. die Aufgabe, der Vermittlung von Bildung zu dienen. Aber die Form der Vermittlung wie die Inhalte der Bildung müssen zu unterscheiden sein, wenn sie sich rechtfertigen will. Deshalb wird auch in der ersten Hypothese vermieden, den Bildungsbegriff in die Definition der Institution aufzunehmen; zunächst war notwendig, ihren Eigencharakter so deutlich wie möglich herauszustellen, ehe Gemeinsamkeiten oder Überschneidungen oder Trennungen dingfest gemacht werden. Daraus nur können ihr Sinn und Eigenrecht mit wünschenswerter Klarheit begründet werden.

Daraus wiederum können nur ebenso Konvergenz wie Divergenz der Bildungseinrichtungen in Bildung und Bildungsvermittlung aufgehellt werden. Bildungseinrichtungen haben nun einmal ihren Konvergenzpunkt darin, daß sie auf die eine oder andere Weise mit Bildung befaßt sind. Aber sie befassen sich auf unterschiedliche Weise damit. Sie haben ihre grundlegende Divergenz, wenn denn diese Beobachtung zutreffend ist, zuerst im Methodischen. Einmal, bei akademischen Institutionen, ist es die Teilnahme am Forschungsprozeß und an wissenschaftlich geprägter, an einer von der wissenschaftlichen Systematik bestimmten Lehre; einmal, bei nichtakademischen Institutionen, Institutionen der Volksbildung im besten Sinne des Wortes, ist es die Teilnahme an Bildungsangeboten, die durch das Profil der Teilnehmer bestimmt und auf Adressaten ausgerichtet sind.

Ähnliches gilt zumindest noch für zwei Funktionen, die gemeinhin der Institution der akademischen Seniorenbildung zugeschrieben werden, aber nicht weniger den anderen Bildungseinrichtungen für Erwachsene inhärent sind: Information und Kommunikation. Es ist eine Frage der Perspektive, ob man davon ausdrücklich die drei pädagogischen Grundfunktionen und -aufgaben abheben möchte: Bilden und Erziehen, Unterricht und Unterrichten, Lehren und Lernen. Diese lassen sich aber unschwer den genannten Drei subsumieren: Bilden, Informieren, Kommunizieren, wenn auch damit nicht geringe begriffslogische Fragen und Schwierigkeiten verbunden sind. Informieren und Kommunizieren sind nicht anders als Bildung erklärungsbedürftig. Ihre begrifflichen Inhalte sind so wie das, was sie aussagen wollen, problematisch. Sie müssen, zum Glück, nicht diskutiert werden, wenn es, wie hier, um die Abgrenzung von Institutionen geht, welche Abgrenzung durch die formale Gleichartigkeit der Funktionen hindurch erkennbar werden muß. Und da mag es tatsächlich genügen, auf die drei Funktionen von Bildung (Bildung und Erziehung), Information (Lehren und Lernen), Kommunikation (Unterricht und Unterrichten) zu rekurrieren. In ihnen sind die Bildung eines kritischen Bewußtseins und das Lernen des Lernens eingeschlossen.

Man braucht sich, wenn man sich dessen genauer vergewissern will, nicht mit umständlichen Erörterungen aufzuhalten. Die Sachverhalte sind, wie unterschiedlich die Erfahrungen damit auch sein mögen, vertraut genug. Es liegt am Tage, daß Bildungseinrichtungen wenn nicht mehr, so mindestens Informationen weitergeben: Wissensinhalte ebenso wie Nachrichten über Lernorte, Auskünfte über Wege und Möglichkeiten der Weiterbildung und Daten aus Geschichte und Gegenwart. Und Bildungseinrichtungen setzen auf Kommunikation: Kommunikation zwischen Lehrenden und Lernenden, Kommunikation zwischen den Geschlechtern, den Generationen, den Bildungsschichten, Kommunikation über technische Instrumentarien, Kommunikation also als zwischenmenschliche Erfahrung wie als methodisches Konstrukt. Aber Information und Kommunikation, nicht anders als Bildung, erhalten Färbung und Eigenart durch die Institution, die davon Gebrauch macht oder sich in ihren Dienst stellt. Und auch hier könnte man die vielleicht ketzerische Fragen wagen: Weiß man wirklich genau, wodurch sich die Information, die von der Universität gegeben wird, von der unterscheidet, die etwa von einer Volkshochschule gegeben wird? Weiß man wirklich genau, was Information im akademischen Sinne und was Information in einem allgemeinen erwachsenenpädagogischen Sinne meint? Welche Kommunikation wird da, welche dort gesucht? Was bedeutet eine Kommunikation mit der Wissenschaft? Was bedeutet sie für den Kommunizierenden? Und was heißt demgegenüber Kommunikation mit Gleichgesinnten? Mit dem anderen Geschlecht?

Sicher hat auch hier die Forschung noch manches zu tun und könnte, wenn es denn gelänge, die äußerst diffizilen Forschungsstrategien zu entwikkeln, der Erkenntnis über Bedürfnisse und Ansprüche älterer Menschen in unserer Gesellschaft, weiterhelfen. Und vielleicht wäre auch hier wieder eine Stelle gefunden, wo ältere Menschen dezidiert in den Forschungsprozeß eintreten könnten. Man sollte die Perspektive nicht aus den Augen verlieren.

Zunächst aber wird man, um den bisherigen Gedankengang auf eine Formel zu bringen, der ersten Hypothese zu einer wissenschaftlichen Institution für ältere Menschen eine weitere hinzufügen: *Die Institution dient der Förderung der Bildung älterer Menschen, der Vermittlung von Information und der Kommunikation unter den Prämissen wissenschaftlicher Arbeit.* Damit ist in schlüssiger Form zum Ausdruck gebracht, daß sie eine Bildungsinstitution ist, woraus sich ihr in formaler Hinsicht dieselben Aufgaben stellen, die allen Bildungseinrichtungen gestellt sind, die sich aber materialiter davon durch den wissenschaftlichen Anspruch unterscheiden. Wie verändern sich die drei Funktionen von Bildung, Information und Kommunikation unter den Prämissen wissenschaftlicher Arbeit? Eine erste Vermutung geht dahin, daß, wie weiter oben schon angedeutet, die Verbindung mit der Methodik wissenschaftlichen Arbeitens wesentlich ist.

Damit ist nun freilich noch nicht ausgesprochen, worin sich dieser wissenschaftliche Anspruch in jenen drei Funktionen zur Geltung bringt, durch welchen Anspruch erst die Institution, wie nun mehrfach gesagt, ihre Rechtfertigung erhält. Man wird mehrere Facetten der Resonanz und Wirkung von Wissenschaft im Bildungsprozeß zu unterscheiden haben, insofern Teilnahme an dem Wissenschaftsprozeß in Forschung und Lehre zweifellos schon dadurch unterschiedliche Gesichter haben muß, als der Wissenschaftsbetrieb durch die Integration von Forschung und Lehre einerseits, durch das Spannungsverhältnis von Theorie und Praxis andererseits charakterisiert ist.

Natürlich ist auch diese doppelte Polarität nicht unumstritten. Man kennt die immer wieder erneuerte Diskussion um die Trennung von Lehranstalten und Forschungsanstalten - eine Trennung freilich, die die Aufhebung der Universität selbst nach sich zöge. Im Grunde ist es eine müßige Diskussion. Ohne Forschung läuft akademische Lehre ins Leere.

Insbesondere aber ist das behauptete Beziehungsgeflecht von Theorie und Praxis nicht nur diskussionswürdig, sondern diskussionsbedürftig, zumal wenn es ältere, erfahrungsgesättigte Praktiker sind, die sich auf (neue) Theorie zubewegen. Welches Verständnis von Theorie und Praxis bringen die Älteren mit, welche Erfahrungen haben sie damit gemacht? Welche Theorie haben sie sich von ihrer Lebenspraxis gemacht? Schließlich ist auch die Position plausibel zu machen, die eine Abstinenz des Wissenschaftsbetriebs von aller außerwissenschaftlichen Praxis vertritt und erklärt, daß wissenschaftlicher Fortschritt sich gleichsam aus sich selbst heraus vollzieht, die Wissenschaft, unbekümmert um alle (gesellschaftliche) Praxis, gleichsam durch ihre immanente Motorik in ständigem Fortschreiten begriffen ist und allenfalls ihre Resultate an die Praxis abgibt, die aber selbst auf die Resultate keinen Einfluß nehmen kann.

Man wird aber - auch ohne die damit verbundenen zahlreichen ethischen Probleme auch nur benennen zu können - in jedem Fall einräumen müssen, daß jede Theorie Folgen für die Praxis hat. Jeder Wissenschaft - von der Pädagogik bis zur Atomphysik, von der Archäologie bis zur Linguistik, von der Biologie bis zur Mathematik - ist die Verantwortung aufgebürdet, daß ihre Prozeduren und ihre Produkte Mensch und Gesellschaft niemals unberührt lassen. Beispiele liegen vor jedermanns Augen: in der Schule, im Supermarkt, in der Werbung, im Internet, im archäologischen Grabungsfeld ... Und zudem findet jede Wissenschaft Eingang in irgendwelche Praxisfelder, in Berufe, in öffentliche Funktionen, in ehrenamtliche Tätigkeiten. Es kann für welche öffentliche Wirksamkeit auch immer nicht gleichgültig sein, mit welcher Wissenschaft ein Mensch Umgang hat oder gehabt hat, nicht davon zu reden, daß für viele Tätigkeitsfelder eine wissenschaftliche Vorbereitung unerläßlich ist. Auch mag man sich an dieser Stelle des alten Spruchs erinnern: Das Praktischste ist eine gute Theorie. Daß schließlich Wissenschaft eine Praxis sui generis erzeugt, kann hier nur eben erinnert werden, wie denn hier überhaupt nur als Problem benannt werden kann, was einer extensiven Darstellung und Diskussion bedürfte. Vielleicht ist doch auch hier wieder eine Stelle gefunden, die den Impuls zu Forschungen geben könnte: Was machen ältere Menschen in der Praxis ihres Lebensalltags oder auch in der Praxis einer ehrenamtlichen Tätigkeit mit den Theorien, mit denen sie von der Wissenschaft reichlich versorgt werden? Welche Relevanz haben wissenschaftliche Theorien, mit denen ältere Menschen beliefert werden, für ihr Rollenverständnis in der Gesellschaft? Wie lautet die Theorie für die Lebenspraxis älterer Menschen?

Forschung und Lehre verändern die Bildung von Lehrenden und Lernenden, liefern in methodischen Schritten Informationen, fördern in gemeinsamer Arbeit die Kommunikation. Und jede Theorie wirkt auf die Praxis derer, die sich bilden, informieren, kommunizieren. Die Universität ist für Ältere ein Ort der Muße; denn sie unterliegen keinen Zwängen. Muße aber bedeutet die ebenso entspannte wie intensive Arbeit an sich selbst mit wissenschaftlichen Mitteln. Das Resultat heißt Bildung. In deren Dienst stehen die zu verarbeitende Information durch Wissenschaft und die Kommunikation mit gleichgesinnten Bildungsbedürftigen und mit den Wissenschaftlern.

III.

Spätestens an dieser Stelle wird man sich bewußt zu machen haben, daß die Rede vom älteren Menschen eine verkürzte Rede ist. Mit „Älteren" sind, wie in der Wissenschaft unter dem Eindruck der ungemein gesteigerten Lebenserwartung inzwischen sich durchzusetzen beginnt, nicht weniger als drei Generationen gemeint, die das dritte Lebensalter ausmachen: die älteren, die alternden und die alten Menschen. Eine Beschreibung dieser Generationen, an anderer Stelle ausführlich unternommen, muß hier wiederum unterbleiben. Es genüge, auf die Differenz zwischen den jüngeren, aktiven, vielerlei gesellschaftliche Aufgaben erfüllenden *älteren* einmal, zum anderen den sich aus dem aktiven Leben immer mehr zurückziehenden *alternden,* schließlich den auf Hilfe, Unterstützung und Betreuung angewiesenen *alten,* dem Lebensende ins Auge sehenden Menschen hinzuweisen. Soziologisch gesprochen wirkt der eine gesellschaftlich mit, nimmt der nächste gesellschaftlich teil, ist der dritte gesellschaftlich präsent. Man wird dann auch unschwer erkennen können, daß das Verhältnis zur Wissenschaft und die Erwartungen an Wissenschaft, auch die Präferenzen hinsichtlich der Wissenschaften durchaus unterschiedlich sein müssen gemäß der Generation, der der ältere Studierende zugehörig ist. Es ist eine Binsenwahrheit, daß der ältere, der alternde, der alte Mensch von je unterschiedlichen Interessen bewegt wird, insofern auch unterschiedlichen Wissenshorizonten zugeneigt ist. Die Bildungsbedürfnisse reduzieren oder konzentrieren sich. Das muß bei der Teilnahme an Forschung und Lehre zu Buche schlagen - womit denn zu der Frage nach dem, was in diesem Zusammenhang Teilnahme am Wissenschaftsprozeß bedeutet, zurückzukommen ist. Deren Intensität wird zweifellos vom Lebensalter abhängen und wird konform gehen mit dem Lebensprozeß, der zunehmend zur Distanz von den Dingen führt, den Menschen unvermeidlich immer mehr auf sich selbst zurückwirft, seinen Aktionsradius progressiv einschränkt, damit auch die Erwartungen an Wissenschaft zunehmend reduziert und das Erkenntnisinteresse verengt, ohne daß es freilich je gänzlich erlöschen muß.

Das führt zwingend zu einer schlichten Feststellung. Nehmen alle, die sich in eine Institution des Seniorenstudiums begeben, zweifellos am Wissenschaftsbetrieb und auch am Forschungsprozeß teil, so ist doch die Form der Teilnahme keineswegs uniform, wie die unbesorgte Öffnung der Hochschulen für jedermann suggerieren könnte und jene Selbstverständlichkeit nahelegen möchte, mit der umstandslos zur Teilnahme an Senioren-Veranstaltungen aufgefordert wird. Neben der Variablen „Lebensalter" mit vom Alter bedingten Interessen macht sich die biographische Differenz von Bildungsherkunft und Erwartung an die Wissenschaft geltend. Der Eintritt in das Seniorenstudium, die Beteiligung an Studienangeboten für Ältere ist nur dann ein sinnvoller Schritt, wenn aus Beteiligung Teilnahme wird. Das aber bedeutet, daß sie auch didaktisch gestützt wird durch die bewußte Begegnung mit Wissenschaft und der reflektierten Verarbeitung von Wissenschaftsprozessen und -produkten. Diese didaktische Verarbeitung hängt von der Beachtung der oben genannten Variablen ab. Damit soll der Zugang zur Institution weder erschwert noch vereinfacht werden, wohl aber soll er mit Sinngehalt gefüllt werden. Der Umgang mit Wissenschaft, das mag banal klingen, ist nur dann von Nutzen, wenn sich das Individuum ins Verhältnis zur Wissenschaft zu setzen versteht. Das Individuum muß lernen, einerseits dem Anspruch der Wissenschaft gerecht zu werden, andererseits die eigenen Bildungsbedürfnisse bewußt in den Lernprozeß einzubringen. Jedes Studium ist andernfalls im Status der Beliebigkeit, wenn es denn überhaupt ein Studium genannt zu werden verdient. Es muß lernen, die eigenen Erwartungen an Wissenschaft mit den Ansprüchen der Wissenschaft zu verbinden.

Es hängt, wie sich umstandslos denken läßt, Wesentliches von der Art der Teilnahme am Wissenschaftsprozeß für den Erfolg des Studiums ab - wenn dieses nicht nur der Befriedigung von Eitelkeiten dienen soll und somit weder eine „echte" Begegnung mit Wissenschaft noch eine aktive Teilnahme an Wissenschaft stattfindet, wenn Wissenschaft also in ihrer Eigengesetzlichkeit, in ihrer Systematik und Methodik gar nicht wahrgenommen wird. Es ist zu überlegen, was Teilnahme an Wissenschaft meint. Wir verschaffen uns einen Überblick, indem wir zunächst auf die Unterscheidung einer *aktiven* von einer *passiven* Teilnahme achten. Sie scheint sich von selbst zu verstehen, unterstreicht denn auch nur die Differenz zwischen einer wie immer gearteten Mitwirkung am Wissenschaftsprozeß und einer extremen Zurückhaltung davon, einem bloßen Treibenlassen oder wenigstens einem aufmerkenden Dabeisein. Deutlicher wird diese fundamentale Differenz, wenn man sie mit jener anderen, nicht minder fundamentalen verknüpft: der Differenz von *produktiv* und *rezeptiv*. Auch diese bedarf wohl keiner langen Erklärung: Im einen Falle verhält sich der Adept aktiv im Sinne eines eigenen (wenn auch nicht notwendigerweise selbständigen) Erzeugens von Wissensergebnissen, produktiv im Sinne eines Zugewinns an Einsicht und Erkenntnis durch Mitarbeit an Forschungsvorhaben; im anderen Falle wird Gebotenes aufgenommen und verarbeitet ohne gleichsam selbständigen Eigenbeitrag. Im übrigen bedeutet auch Rezeption von Wissenschaft eine geistige Arbeit, wie ja auch Passivität im Wissenschaftsprozeß noch nicht den Ausschluß von diesem bedeuten muß. Rezeptivität hat durchaus ihren Wert in sich, zumal keineswegs sicher ist, daß jedem Studierenden in geistigen Zusammenhängen Produktivität gegeben ist. Zudem wird man Produktivität und Rezeptivität in einem polaren Verhältnis der Wechselwirkung schon kennen: Der Produktivität wird immer Rezeptivität vorausgehen, und die Rezeption fordert zu Produktion heraus. Möglicherweise wird man hier auch der Unterscheidung von Forschung und Lehre ansichtig, insofern dem einen, der Forschung, die Produktivität eignet und dem anderen, der Lehre, die Rezeptivität an die Seite gestellt ist. Beide haben ihr Eigenrecht und ihren Eigenwert. Man wird aber auch nicht übersehen dürfen (davon wird noch eingehender gesprochen werden), daß die Teilnahme am Forschungsprozeß nicht von vornherein eigenes Forschen heißen muß, sondern ebenso produktiv wie rezeptiv im Sinne passiver Beteiligung geschehen kann. Wer sich als Älterer einem Studium zuwendet, sollte dessen versichert sein.

Die produktive nicht anders als die rezeptive Teilnahme an Wissenschaft kann sich ebenso *intensiv* wie *extensiv* darstellen. In einem Falle wird sie, auf Intensität bedacht, auf ein eng begrenztes Gebiet der Wissenschaft beschränkt sein und dieses bis in die Tiefe zu bearbeiten suchen. Im anderen Falle wird sie, extensiv ausgerichtet, bei Verzicht auf größtmögliche Vertiefung sich über weite Bereiche der Wissenschaft (oder Wissenschaften) erstrecken. Daß Rezeption von Wissenschaft wie von deren Produkten sowohl intensiv als auch extensiv erfolgen kann, liegt auf der Hand. Wozu man sich bekennt, wird vor allem anderen von Lerngewohnheiten abhängen, aber auch von der Streuung der Interessen bestimmt sein. Möglich ist auch, daß sich beides miteinander verbinden läßt. Beides hat seine Rechtfertigung in sich selbst. Man wird die Intensität eher einer fachspezifischen, die Extensivität eher einer allgemeinen Bildung zurechnen; das wieder wird von dem Anspruch an Wissenschaft abhängig sein. Es fragt sich, wie sich die Lehre darauf einstellen kann. Wissenschaftsvermittlung ist immer auch ein didaktisches Problem, noch dazu eines, das nicht in der gut entwickelten erwachsenenpädagogischen Didaktik aufgeht, aber auch nicht in der Schuldidaktik angesiedelt sein kann.

Man wird, den genannten Unterscheidungen untergeordnet, auch noch andere Formen der Teilnahme an Wissenschaft ausmachen können. So etwa ist es denkbar, auch zwischen einer *kritischen* und einer *unkritischen* Teilnahme zu unterscheiden, die freilich nicht im Wissenschaftsprozeß und dessen Begleitung aufrecht erhalten werden sollte, mag sie auch in der Praxis zu beobachten sein. Schließlich verträgt sich eine unkritische Haltung überhaupt nicht mit wissenschaftlichem Prozedieren. Freilich ist selbst das ein ernstes Problem beim Studium Älterer als einer ersten Auseinandersetzung mit Wissenschaft, wie nämlich kritisches Verfahren eingeübt und angeeignet werden kann. Daß eine kritische Haltung im Alltag bereits ausreichend sei, um ein kritisches Verhalten in der Wissenschaft zu praktizieren, ist ein naives Vorurteil (dem freilich auch junge Studierende oft genug unterliegen). Der Kritisierende muß soviel Wissen besitzen wie der Kritisierte. Ältere, die sich auf ihre Erfahrung beim Kritisieren berufen, tun gut daran, zunächst ihre Erfahrung der Kritik zu unterziehen. Freilich gelingt auch das nur, wenn man sich Maßstäbe der Kritik erworben hat.

Man wird diese Gegenüberstellungen fortsetzen können, indem man eine *theoriegeleitete* und eine *praxisorientierte* Wahrnehmung von Wissenschaft unterscheidet. Das gilt unbeschadet dessen, daß im Vorausgegangenen Wissenschaft als grundsätzlich praxisrelevant erklärt worden ist. Auch der Laie kennt wenigstens verbal die Unterscheidung von Grundlagenforschung und Anwendungsforschung. Es ist ein Unterschied der Akzentsetzung, der sich nach dem Muster von allgemeiner und fachspezifischer Bildung wiederholt. Im einen Fall ist es die Freude am geistigen Zugewinn selbst, die Befriedigung eines elementaren Erkenntnisinteresses, die Bereicherung durch Wissen, die ihren Zweck in sich selbst trägt, zumal dann, wenn sie als Förderung und Steigerung individueller Bildung erfahren wird. Im anderen Falle ist es das Interesse am Erwerb von Fähigkeiten, welche sich in bestimmte Tätigkeiten umsetzen lassen und für die Erfüllung von gesellschaftlichen Rollen und Aufgaben dienlich, wenn nicht unentbehrlich sind.

Man müßte sich auf das schwierige Terrain auch einer Definition von Theorie begeben und erklären, inwiefern Theorie die abstrakte Beschreibung eines Sachverhaltes darstellt, wieweit gar der Aussagewert von Theorien reicht. Dazu ist hier kein Bedürfnis, wo die prinzipiellen Unterscheidungen auf ein allgemeines Verständnis zählen können. Damit kann es genug sein. Die Formen der Zugänge zur Wissenschaft sind aufgezeigt, die Möglichkeiten der Teilnahme an Wissenschaft prinzipiell beschrieben, die Haltungen gegenüber der Wissenschaft benannt. Dabei ist nur im Ausnahmefall schon auf die altersspezifische Weise des Zugangs zur Wissenschaft aufgemerkt worden. Man wird daher hinzuzufügen haben, daß die soeben aufgeführten Positionen grundsätzlicher Natur und natürlich unabhängig vom Alter derer gelten, die sich im Raum der Wissenschaft bewegen und dort am Wissenschaftsprozeß - als Lehr- und Lernprozeß ebenso sehr wie als Forschungsprozeß - teilnehmen. Es werden sich also auch bei älteren Menschen, die als Studierende mit Wissenschaft befaßt sind, alle genannten Formen der Teilnahme finden lassen. Nichtsdestoweniger bleibt zu untersuchen, ob nicht im Allgemeinen auch hier das Besondere enthalten ist, ob also bei älteren Studierenden jenseits des prinzipiell Gemeinsamen Besonderheiten auszumachen sind. Das Problem wird sich erneut stellen, wenn nach der Teilnahme Älterer am Forschungsprozeß gefragt wird.

Geht es um Aufgabe und Funktion einer Institution für das Studium Älterer, wird man daher in der Aussage über die Teilnahme am Wissenschaftsprozeß vorsichtiger sein, kann es doch bei den Aufgaben der Institution sich nur um solche handeln, die sich aus dem akademischen Rahmen ergeben, in welchen die Teilnahme an Forschung und Lehre gestellt ist, also nicht von anderen wahrgenommen werden kann. Das aber gilt in jedem Fall für ein praxisorientiertes Studium, als welches man jedes an der Universität absolviertes Studium bezeichnen kann, das zu einem Abschluß führt, der den Zugang zu einem Berufsfeld oder auch zu mehreren eröffnet. Alle Regelstudiengänge sind grundsätzlich darauf angelegt, den Eintritt in Berufs- und Arbeitswelt zu ermöglichen; in vielen Fällen sind sie, wie man weiß, die unabdingbare Voraussetzung dafür. Man denke an das Medizin-, das Lehramts- oder etwa das Theologiestudium. Aber auch jedes geisteswissenschaftliche Studium, das nicht expressis verbis auf eine bestimmte berufliche Karriere ausgerichtet ist, wird betrieben, um in der Arbeitswelt einen Platz einzunehmen. Ältere Menschen, soweit sie sich den Bedingungen eines solchen Studiums unterwerfen wollen und über die erforderliche Eingangsqualifikation verfügen, sind davon grundsätzlich nicht ausgeschlossen, so weit sie sich den Bedingungen dieses Studiums unterwerfen. Um so weniger wird sich eine Institution für Seniorenbildung darauf kaprizieren. In der Realität, soweit zu sehen, geschieht das auch nicht - wie sollte sie sich auch etwas anmaßen, was anderenorts ausreichend betrieben wird.

Wenn sich dennoch die Institution für Seniorenstudium auf Praxis richtet, dann wird das geschehen, insofern bei ihr Studiengehalte für (zunächst ehrenamtliche) Tätigkeiten nach der beruflichen Phase abgerufen werden - und grundsätzlich stehen doch alle ihre Teilnehmer jenseits einer geregelten Berufstätigkeit, wozu auch besonders bei Frauen die Ablösung von der Familie und damit der Übergang in den sogenannten dritten Lebensabschnitt zählt. Es sind doch allemal Praxisfelder, die mit freiwilligen Leistungen und gemeinhin mit nicht honorierter ehrenamtlicher Tätigkeit verbunden sind. Sie sind allesamt nicht im stringenten Sinne definiert, wie das für Berufsbilder gilt. Weiß man wirklich genau, was eigentlich ein Ehrenamt ist? Darum weiß man auch nicht genau, was man für die Ausübung eines Ehrenamtes wissen muß. Dem wird man um so eher zustimmen, wenn man sieht, daß es nicht gelingt, die Anforderungen an ein Ehrenamt so zu definieren, daß sich daraus genau umschreibbare Studieninhalte ableiten ließen. Ehrenamtliche Tätigkeiten haben außer eben der

Ehrenamtlichkeit - und selbst diese ist doch nicht präzis und unzweideutig zu definieren - kein Spezifikum, aus dem sich ein bestimmtes Wissen ableiten ließe, das unerläßliche Voraussetzung für die Ausübung eines Ehrenamtes wäre. Was muß man über gesammelte Erfahrungen hinaus lernen, um freiwillig im sozialen, im kulturellen, im politischen Raum tätig sein zu können? Es gibt keine abfragbare Qualifikation, die über eine Zulassung zu solchen Tätigkeiten entschiede. Berufsbilder gibt es schon gar nicht.

Sofern denn das Bedürfnis nach Vorbereitung auf ein Ehrenamt besteht, wird es nur nach Maßgabe individueller Ansprüche durch die Wissenschaft befriedigt werden können, nicht aber auf der Folie einer wie immer gearteten Studienordnung, die abfragbares Wissen vermittelt und einen systematischen Studiengang vorgibt, erfolgen. Noch einmal: Es gibt kein Ehrenamt, das eine definierbare wissenschaftliche Qualifikation voraussetzt. Das ändert nicht, in jedem ernsthaften Studium ein Fundament zu sehen, das gegenüber anderen einen Vorsprung gewährt. Eine gezielte Praxisorientierung wird man somit dem Seniorenstudium nicht bescheinigen können.

In der zuvor herausgearbeiteten Begrifflichkeit wird man zu dem weiteren Resultat kommen, daß die Teilnahme Älterer am Wissenschaftsbetrieb in einem generellen Sinne zwar sowohl aktiv als auch passiv sein kann, das hängt vom Engagement des einzelnen und der Ernsthaftigkeit der Studien ab; es hängt auch davon ab, wieweit es gelingt, in ihnen den Bildungsgedanken manifest zu machen. Danach aber wird man die Älteren eher auf der rezeptiven als auf der produktiven Seite des Studiums suchen, soweit es um die Produktion von neuem Wissen geht. Man wird, will man auf die Idee der Produktivität im Studium Älterer nicht verzichten, bei den Älteren die Produktivität vorwiegend im Bereich der Selbstformung und des individuellen Bildungsgewinns suchen. So wird bei ihnen auch eine extensive eher als eine intensive Teilnahme am Wissenschaftsprozeß vorherrschend sein, wenn man nicht an die Intensität des Studiums überhaupt denkt, sondern an die Intensität des Eindringens in eine bestimmte Wissenschaft oder gar einen eng begrenzten Wissenskomplex. Es geht bei Älteren gemeinhin auch nicht um die Orientierung an einem Fach und damit um fachspezifische Bildung, sondern um Allgemeinbildung, die sich einem auf Breite hin angelegten Lernprozeß erschließt. Man kann wohl auch sagen: die Fachbildung tritt gegenüber einer personalen Bildung entschieden zurück, wie denn auch immer deutlicher hervortritt, daß es sich bei einem Seniorenstudium um eine Veranstaltung allgemeiner Bildung handelt (wovon die in Regelstudiengänge eingebundenen Studierenden bekanntlich weit entfernt sind, was man nicht heftig genug beklagen kann). Wodurch aber unterscheidet sich wissenschaftliche Bildung, die im akademischen Raum zu finden die Älteren bemüht sind, von anderer Bildung - künstlerischer, technischer, beruflicher, religiöser Bildung? Die Frage war schon einmal in den Lichtkegel der Aufmerksamkeit geraten, mußte aber fallen gelassen werden, um zunächst zu weiterer Klarheit über das zu gelangen, was mit Teilnahme an Wissenschaft gemeint ist. Wir kehren zu ihr zurück.

Indem beide Perspektiven aneinander gerückt werden, also die Frage nach der Form der Bildung mit der Frage nach der Form der Teilnahme an Wissenschaft verbunden wird, ergeben sich, der Logik der Begriffe zufolge, weitere Aufschlüsse. Zugleich darf man dabei Auskünfte über die Modalitäten des Studiums Älterer erwarten. Wissenschaftliche Bildung, wird man sagen dürfen, ist das individuelle Produkt des Umgangs mit Wissenschaft, wie etwa künstlerische oder musische Bildung das Produkt des Umgangs mit Gegenständen der Kunst ist. Da aber die Teilnahme an Wissenschaft, wie gezeigt, altersspezifische Formen hat, insofern sie von den Bildungsbedürfnissen der älteren Menschen in ihrer gesellschaftlichen Eingebundenheit und alterstypischen Distanz zu Regelformen des Studiums bestimmt ist, meint wissenschaftliche Bildung zweierlei: Einmal die Einvernahme wissenschaftlicher Erkenntnisse und ihre Integration in den Bildungshorizont von Studierenden, andererseits die vom Erfahrungshorizont des älteren Menschen aus gewonnene Einsicht in Verfahren und Erkenntnisse der Wissenschaft. In wissenschaftliche Bildung ist das Methodenbewußtsein der Wissenschaft eingeschlossen. Wissenschaftliche Bildung hat zum Inhalt sowohl die Meisterung des Umgangs mit Wissenschaft als auch die Arbeit an der je eigenen Bildung mittels Belehrung durch Wissenschaft.

Das wäre leicht an den Formen des Seniorenstudiums zu demonstrieren, am Wahlverhalten der Senioren angesichts der Fülle wissenschaftlichen Angebots, an ihren Lernfortschritten in den von ihnen gewählten Wissenschaften, an ihren Präferenzen bestimmter Themen. Doch muß hier der Aufruf zur Besinnung darauf genügen, wie Senioren, von ihren Interessen eines von Pflichtaufgaben freigesetzten gesellschaftlichen Individuums aus, ihr Studium selektiv gestalten, nach eigenem wissenschaftlichen Bedürfnis ihr Studium komponieren, von ihren Erfahrungen her sich Zugänge zur Wissenschaft erschließen.

Wenn man unter dem Zweck eines Studiums Qualifikation auf einem definierten Feld der Wissenschaft und Qualifizierung für eine bestimmte Tätigkeit versteht, dann ist das Studium der Senioren ein zweckfreies zu nennen, es mag produktiv oder rezeptiv, kritisch oder unkritisch sein. Ihm liegt, wir sahen es, die Idee einer allgemeinen Bildung zugrunde, die sich keinem begrenzten Allgemeinbegriff von Bildung verdankt wie zum Beispiel dem humanistischen, der einen ganz bestimmten Kanon von Schulfächern umfaßt (Klassische Sprachen, Geschichte, Mathematik, Religion ...). Am Rande wird man allerdings fragen dürfen, wieweit nicht gerade Älteren eine humanistische Bildung nahegebracht werden sollte. Es ist doch der Mangel humanistischer Bildung, der die Bildungslandschaft veröden läßt. Es ist doch ein Gebot der Stunde, nach den Prinzipien einer modernen humanistischen Bildung zu fahnden, um menschlicher Entfremdung entgegenzuwirken. Nach gegenwärtigem Verständnis freilich ist hinsichtlich des Seniorenstudiums der Begriff der Allgemeinbildung gerade nicht mit bestimmten Fächern verbunden, sondern ist allgemein im Sinne einer prinzipiellen Offenheit, wogegen Einschränkung gerade die Spezialbildung als Gegensatz zur Allgemeinbildung auszeichnet. Wie sollte man Senioren zum allgemeinen Studium bestimmter Fächer verpflichten! Insofern ist - und damit ist ein für die Seniorenbildung entscheidendes Merkmal ausgesprochen - das Studium selbstbestimmt im Sinne einer freien Verfügung über die wissenschaftlichen Angebote und einer Studienordnung, die sich die Studierenden je selbst geben. Es kann kein verbindlicher fächerübergreifender Lehrplan für Senioren formuliert werden, dessen Muster für die Studierenden obligatorisch wäre, schon gar nicht einer, in dem Forschung wissenschaftssystematisch zu verorten wäre. Was sollte Senioren nötigen, sich in einen solchen Lehrplan zu fügen? Verbindlichkeit liegt nur in der Teilnahme an Wissenschaft, insofern diese der Wissenschaftslogik unterworfen ist. Teilnahme an Wissenschaft, wenn sie nicht äußerlich und marginal bleiben soll, verlangt die Unterwerfung unter die Spielregeln der Wissenschaft. Die Studierenden erwerben wissenschaftliche Bildung durch die selbstbestimmte, zweckfreie Teilnahme an Wissenschaft, die kritische Aneignung von Resultaten der Wissenschaft und die wissenschaftlich geleitete Arbeit an sich selbst, die zu nicht-spezifischer, also allgemeiner Bildung wird.

Der Bildungsprozeß hat mit dem Wissenschaftsprozeß die grundsätzliche Unabschließbarkeit gemeinsam. Die Entwicklung und Steigerung von Bildung kommt prinzipiell erst mit dem Tod zum Abschluß, ohne daß Bildung selbst an ihr Ende gekommen wäre. Wissenschaftliche Bildung hat ihren Abschluß erst dort, wo die Teilnahme an Wissenschaft nicht mehr möglich ist. Die Wissenschaft aber kommt bekanntlich nicht zu Ende, weil jedes ihrer Resultate neue Fragen aufwirft. Dabei sei am Rande bemerkt, daß die immer wieder einmal konstatierte rasante Vermehrung von Wissen durch Wissenschaft - einschlägige Zahlen der Vervielfachung des Wissens nach astronomischen Dimensionen gehen immer wieder durch die Presse - vielleicht doch wieder erheblich zu relativieren ist. Mit der Vermehrung des Wissens geht eine ständige Veralterung von Wissen einher. Das zeigt sich in der Entwicklung wissenschaftlicher Berufe, in der Forderung nach wissenschaftlicher Weiterbildung und in dem Verschleiß von Erfahrung, den die Älteren erleben. Es wäre interessant zu ermitteln, ob nicht vielleicht die Vermehrung des Wissensbestandes, des Wißbaren und des Wissensnotwendigen gar nicht so horrend ist, wie man uns glauben machen will, insofern sich vielleicht gültiges Wissen nur geringfügig vermehrt und das Wißbare nur zu geringem Teil das Wissensnotwendige ist. Es vermehrt sich zweifellos das Wissensnotwendige nicht im gleichen Maße wie das Wissensmögliche. Wir können mehr wissen, als wir wissen müssen. Insbesondere wird zu prüfen sein, welches Wissen sich ältere Studierende erwerben müssen (sollten), um einerseits auf dem neuesten Stand der Wissenschaft zu sein und andererseits über das Wissen zu verfügen, daß für eine selbständige Lebensführung in der Gesellschaft notwendig ist. Vielleicht ist der Berg gar nicht so unübersteigbar, wie er vielen scheint. Die Forschung - vielleicht die Forschung Älterer - hat hier noch viel zu tun.

IV.

Damit ist nun endlich auch das Stichwort gegeben, auf welches die bisherigen Reflektionen über Seniorenstudium und Wissenschaftsbetrieb zugelaufen sind, die Frage nach der Teilnahme Älterer an der Forschung. Dabei ist nicht noch einmal das Problem der Teilhabe an Wissenschaft und damit am Forschungsprozeß aufzurollen. Daß ältere Studierende genauso wie die jüngeren Studenten am Forschungsprozeß teilnehmen, ist insoweit eine Selbstverständlichkeit, als sie notwendigerweise am Wissenschaftsprozeß teilnehmen. Dieser schreitet, zumindest an der Universität, im Spannungsbogen von Forschung und Lehre voran. Teilnahme an der Lehre bedeutet immer auch die Rezeption von Forschung. Die Produktion von Forschung ist auf der Seite der Lehrenden. Wieweit - und zu wessen Nutzen - auch die älteren Studierenden an der Produktion von Forschung beteiligt werden, eben das ist die Frage. Und damit verbindet sich die andere, hier immer wieder aufgeworfene, die Frage nach einer altersspezifischen Beteiligung an Forschung. Eine solche Beteiligung wird von Älteren und denen, die sich zu ihren Sprechern machen, in einer, wie es scheint, recht unreflektierten Weise betrieben. Klarstellungen sind geboten.

Dort wo die Lehrenden die Studierenden in den Forschungsprozeß einbeziehen, und das geschieht natürlich im Gang der Verarbeitung von Wissenschaft immer wieder, sei es in Forschungsvorhaben und Projekten, sei es in der Begleitung selbständiger wissenschaftlicher Arbeiten der Studierenden - dort also, wo es die Gemeinsamkeit von Lehrenden und Lernenden im Forschungsprozeß gibt, gibt es keine altersspezifischen Unterschiede. Es ist im Grunde eine Banalität zu erklären, daß Art und Weise der Forschung, Forschungsmethodik und Forschungsgegenstand grundsätzlich altersunabhängig sind. Forschung folgt den eigenen Gesetzen, die der Forschung als solcher eigentümlich und gegenüber dem Alter der Forschenden gleichgültig sind. Wissenschaftliche Arbeiten, wie es etwa akademische Abschlußarbeiten sind, müssen von Älteren nicht anders als von Jüngeren geleistet werden.

Diese Selbstverständlichkeiten auszusprechen, ist deshalb nicht ohne Belang, weil im Zuge der Etablierung von Seniorenstudium und den entsprechenden Institutionen immer lauter und dringlicher unter dem Stichwort „Senioren forschen" auf Forschungsleistungen von älteren Studierenden verwiesen wird. Dabei stellt sich immer wieder heraus, daß unter Forschungsleistungen schlechthin wissenschaftliche Arbeiten von Älteren gemeint sind, die keineswegs eigene, gar neue Formen der Forschung zum Tragen bringen. Die Freude, daß auch ältere Menschen zu Forschungsleistungen fähig sind und etwa noch eine Promotion bewerkstelligen, resultiert aus längst Bekanntem: daß nämlich Ältere durchaus zu Lernleistungen, zu gesteigerter geistiger Arbeit, zu fortschreitenden Erkenntnissen, zu qualitativer Erweiterung ihrer Bildung fähig sind. Und sie resultiert natürlich aus der Befriedigung, die dem Erweis von geistiger Leistung auch noch im Alter entspringt. Darüber sind wir ausreichend belehrt: daß lebenslanges Lernen und lebenslange Bildung nicht vor irgendeinem Lebensalter halt macht (oder halt machen muß), wie es eigentlich dem aufmerksamen Beobachter schon seit langem einleuchten müßte, daß die Rede vom lebenslangen Lernen und von lebenslanger Bildung nur dann gerechtfertigt ist, wenn beides auch erst mit dem Ende des Lebens, nicht an irgendwelchen zuvor gesetzten Zäsuren versiegt. Es hat schon immer Ältere gegeben, die nach erfüllter Berufszeit den Lebensabend mit einer Promotionsleistung bereichert und damit Forschungsleistungen erbracht haben. Das ist für die Psychologie Älterer eine sehr hübsche Pointe, für die Forschung ist das Alter aber doch ohne Belang. Wer in welchem Alter auch immer ernsthaft studiert, entgeht auch der Forschung nicht. Insoweit ist die Rede von den forschenden Seniorenstudenten geradezu eine Tautologie: Senioren, die studieren, können auch forschen; sie müssen sich nur das Forschungsinstrumentarium angeeignet haben. Wer studiert, nimmt an Forschung teil, und wer an Forschung teilnimmt, kann auch die methodischen Mittel zu eigener Forschungsleistung erwerben. Insoweit erweist sich die Rede von den forschenden Senioren auch als ein Pseudo-Problem - es ist gar keines.

Man kann dem zur Diskussion gestellten „Senioren forschen“ nur einen problematischen Sinn abgewinnen, wenn man nach der Eigenart des Forschens von Senioren fragt oder nach Forschungsfeldern sucht, die entweder Älteren vorbehalten sind oder die vom Älteren eher als von Jüngeren bearbeitet werden können oder in einer ausgezeichneten Weise im Interessenhorizont der Älteren gelegen sind. Und dann wird man immer noch zu prüfen haben, ob das Forschen Älterer generell zum Auftrag der Institutionen für Seniorenstudium gehört. Auch wird man vermuten dürfen, daß ein Übergriff in Rechte und Pflichten der Universitäten inopportun, vielleicht aber gar nicht praktikabel ist.

Senioren forschen, noch einmal sei's gesagt, grundsätzlich nicht anders als Jüngere, soweit sie überhaupt in Forschungsvorhaben eintreten; auch ihre Forschungen unterliegen den Erfordernissen wissenschaftlicher Methodik und Systematik, sie müssen sich dem Anspruch objektiver, also personunabhängiger Überprüfbarkeit annähern, und sie müssen sich der Kritik der wissenschaftlichen, der akademischen Öffentlichkeit stellen. Was wäre alterstypisch dabei? Die Ermunterung zur Forschung besagt nur, daß auch Ältere können, was Jüngere können. Das ist nicht neu, und im übrigen ist es für die Forschung ohne Belang.

Anders verhält es sich erst, wenn man nach dem altersspezifischen Beitrag Älterer zur Forschung fragt, nach dem also, was Ältere in den Forschungsprozeß einzubringen haben, das von Jüngeren nicht beigebracht werden kann. Worin können die Älteren für die Forschung, wenn nicht unentbehrlich so doch wichtig werden? Zu welchem Beitrag zu Forschung sollten Ältere ermuntert werden? Und da wird man nichts anderes finden als die Erfahrung, die Ältere den Jüngeren voraushaben. Und auch dabei handelt es sich nicht um beliebige Erfahrungen - Erfahrungen haben Jüngere schließlich auch. Jedes Leben ist von Erfahrungen unterschiedlichster Art begleitet. Es ist die historische Dimension der Erfahrung Älterer, wodurch diese sich von den Erfahrungen Jüngerer abhebt, und es ist, wie gleich zu erörtern ist, die nur dem Alter mögliche Erfahrung des Alters.

Es kann sich also nur um Erfahrungen aus vergangenen Lebenswelten und um Erfahrungen mit dem Alter handeln; diese haben die Älteren schlechterdings den Jüngeren voraus. Vielleicht sollte man sogar noch genauer sagen: Erfahrungen mit den Erfahrungen des Alters; denn Jüngere haben natürlich auch Erfahrungen mit dem Alter: sie begegnen älteren Menschen, sie müssen sich mit Älteren auseinandersetzen, sie sind von - immer mehr - Älteren umgeben, sie haben die Sorge für die Alten, die auf ihre Hilfe angewiesen sind, und sie haben die auf ihre Weise problematische Erfahrung mit dem Älterwerden. Aber sie haben natürlich (noch) nicht die Erfahrung mit dem Alter als einer eigenen Befindlichkeit. Sie, die Jüngeren, haben natürlich auch (noch) nicht die Erfahrungen mit dem Alter als einer neuen Lebenskonstellation; sie haben nicht die Erfahrung, wie sich Alter als letzte Lebensphase erfahren läßt; sie haben keine Erfahrung mit dem, wie sich Lebenserfahrung als Mittel der Lebensmeisterung im hohen Alter ein- und umsetzen läßt; und sie haben keine Erfahrung mit der gesellschaftlichen Konstellation, in welcher sich der ältere Mensch wiederfindet.

Jenseits aller Erfahrungen, auf die sie sich berufen können, wissen die Älteren um etwas, das den Jüngeren unvermeidlich vorenthalten ist: das Wissen um die Geschichte, die sie erlebt haben, und um ihre Geschichte die sie gelebt haben. Sie haben das Wissen, das sie aus ihren geschichtlichen Erfahrungen gewonnen haben (wobei freilich geschichtliche Erfahrungen nicht schon per se ein geschichtliches Wissen verbürgen). Immerhin repräsentieren Ältere (wie Alternde und Alte) eine Geschichte, die nicht die Geschichte der Jüngeren ist.

Schließlich haben die Älteren den Jüngeren ein Wissen um die elementaren Bedürfnisse des Alterns und des Alters voraus. Das ist ein Wissen, das um die Schönheiten des Alters und die Lust an der Distanz zu den täglichen Auseinandersetzungen eines tätigen Lebens weiß; es kennt den Vorzug eines kontemplativen Lebens. Es ist auch ein Wissen, das aus der Erfahrung der Marginalisierung, aus dem Erleben der Vereinsamung, aus der Begegnung mit den Defiziten des Alters herkommt; es ist ein Wissen, das mit der Einschätzung der gesellschaftlichen Rollen zusammenhängt. Es ist letztendlich ein Wissen, das auf der Erfahrung mit Zeit beruht, mit welcher hauszuhalten der ältere Mensch lernen muß. Zukunft ist für Ältere etwas anderes als für Jüngere, und die Vergangenheit der Älteren kann nicht die der Jüngeren sein. Mit der Gegenwart ist es auch nicht anders; denn sie steht am Schnittpunkt von verbrauchter Zeit und erwartbarer Zeit.

Erfahrungen dieser und ähnlicher Art und daraus gewonnene Einsichten sind es, die der ältere und der alternde Mensch in den Forschungsprozeß einzubringen vermag. Sie können vorab selbst zum Gegenstand der Forschung werden und können damit die Aufforderung „Senioren forschen" sinnvoll werden lassen. Dabei ist noch unentschieden, ob dann nicht doch eher von einem „Forschen mit Senioren" zu reden ist, sind sie doch in solchem Zusammenhang nicht als Subjekte, sondern als Objekte der Forschung zu verstehen. Ältere sind, so geht gelegentlich die Rede, „das Forschungsfeld für Altern und Alter". Bestimmte Facetten, Bedingungen Motivationen, Voraussetzungen und Wirkungen des Alters werden erforscht unter Beteiligung der Betroffenen, einer in bestimmten Fragenkreisen unentbehrlichen Beteiligung.

Nunmehr wird die Feststellung erlaubt sein: Von einer eigenen, eigentümlichen und spezifischen Forschungsleistung Älterer zu sprechen, ist nur angängig, wenn es sich um bestimmte Fragen sozialer Gerontologie handelt. Noch einmal sei, um alle Mißverständnisse auszuräumen, gesagt: Senioren können grundsätzlich in allen Wissensbereichen forschen, soweit sie die entsprechenden Vorleistungen erbringen und in der Handhabung von Forschungsmethoden bewandert sind. Ihr Forschungsbeitrag unterscheidet sich in nichts von dem der jüngeren Studierenden. Er wird an einer Universität erbracht. Die Älteren können aber nur für Forschungsprozesse und -projekte unentbehrlich sein, wenn es sich um Fragestellungen handelt, zu denen sie ein eigenes Wort zu sagen haben. Altersspezifisch sind doch nur die Forschungen, die sie, die Älteren, durch Erfahrungen bereichern können. Dabei bleibt die Anleitung bei der Umsetzung von

Erfahrung in wissenschaftliche Erkenntnis unentbehrlich. Die Teilnahme Älterer hierbei kann aktiv und passiv sein. Sie ist bestimmt vom Erfahrungshorizont der Betroffenen.

Erfahrungen an sich aber haben noch keine wissenschaftliche Qualität. Es macht doch gerade die Eigentümlichkeit von Erfahrung aus, daß sie im Alltag und unsystematisch, nicht aber methodisch gewonnen wird. Wo von wissenschaftlicher Erfahrung die Rede ist, wird gerade - unter dem Namen der Empirie - die künstliche Herstellung von Erfahrung unternommen; es werden Untersuchungsanordnungen vorgenommen, die einen Gegenstand außerhalb seiner natürlichen Zusammenhänge der Beobachtung aussetzen und ihn soweit in einen künstlichen Erfahrungsraum versetzen. Das geschieht auch mit der Erfahrung, die aus welchen Gründen auch immer in den Forschungsprozeß eingebracht wird: die Erfahrung, die im Alltag gewonnen wird, ist der Erfahrung in bestimmten (empirischen) Methoden übergeben, wird Objekt der Forschung. Indem Erfahrungen auf den Gehalt ihrer Aussagen untersucht werden, werden sie vom Erfahrungsprozeß in den Forschungsprozeß überführt und damit zum objektivierten Beobachtungsgegenstand.

Aber auch dort, wo Ältere ihre Erfahrungen einbringen, um bestimmte Sachverhalte aufzuklären - etwa bei Befragungen über historische Ereignisse, bei Berichten über gesellschaftliche Zustände, bei Urteilen über das Verhältnis der Generationen, bei Ansichten über materielle Bedingungen - , ist es entgegen der weit verbreiteten Meinung grundsätzlich nicht möglich, daß Erfahrung umstandslos und unbearbeitet in den Forschungsprozeß einfließt. Erfahrung ist kein Ersatz für wissenschaftlichen Erkenntnisgewinn. Wer erfahren ist, und mag er noch so klug oder gar weise sein, ist noch kein Wissenschaftler - wie ja auch viele Wissenschaftler ohne alle Lebensklugheit auszukommen scheinen.

Weder ist die Klärung von Erfahrungen, die der Ältere in der Besinnung auf sich selbst vornimmt, schon eine Forschungsleistung - ohne daß damit natürlich im mindesten der Wert von Selbsterforschung bestritten werden kann, das hat uns ja schon der ehrwürdige Augustinus klargemacht. Noch ist die Einführung von Erfahrung in Forschungsprojekte - etwa über die Befindlichkeit der Gruppe der Älteren, über den historischen Horizont einer Generation, über das Rollenverständnis von Frauen, über die Erwartungen an die Zukunft einer Population - ein gleichsam naturwüchsiger Vorgang. Es ist im Gegenteil eine höchst diffizile Prozedur, bei der hermeneutische, interpretative, analytische, komparatistische Methoden genutzt werden müssen, um die Erfahrungen in Zusammenhänge zu stellen, die Substanz ihrer Aussagen, die objektive Gültigkeit ihrer Erkenntnisse der notwendigen Überprüfung zu unterziehen, Erfahrung mit Erfahrung zu verbinden und sie miteinander zu vergleichen. Auch statistische Verfahren werden heranzuziehen sein.

Wer mit seiner Erfahrung von der Wissenschaft allein gelassen wird, kann sie natürlich immer noch nach eigenem Gutdünken nutzen; schließlich ist das Leben ohne unmittelbare Teilnahme an der Wissenschaft der Regelfall. Von Wissenschaft gemeinhin nur tangiert, soweit sie - wie etwa in der Medizin - in sein Leben eingreift, wird der ältere Mensch sich bei der Äußerung von Lebensregeln, bei subjektiven Einsichten über den Menschen, beim Wissen über Natur, über künstlerische, technizistische, politische, soziale Ergebnisse, über Erlebtes und das daraus Gefolgerte schlechthin auf Erfahrung berufen. Das ist legitim. Der Mensch macht Erfahrungen, um darin eine Stütze zu finden für die lebenswichtigen Entscheidungen ebenso wie für die alltäglichen Besorgungen, für den Umgang mit Menschen und die Positionierung in der Gesellschaft. Aber das ist natürlich noch keine Wissenschaft, wie die Erforschung seiner selbst, wie gesagt, noch keineswegs Forschung im wissenschaftlichen Sinne ist.

Erfahrung ersetzt Wissenschaft nicht. Das sollte sich von selbst verstehen. Die immer wieder - oder immer noch - zu beobachtende, geradezu staunenswerte Unbefangenheit, mit welcher die Belehrung durch Erfahrung mit der Belehrung durch Wissenschaft gleichgesetzt oder vermischt wird, belehrt über die Notwendigkeit der Aufklärung. Wer einen Begriff von Erfahrung hat, muß noch keinen Begriff von Wissenschaft haben, und wenn er diesen Begriff hat, verdankt er ihn nicht jenem. Man spreche es getrost aus: Das gesellschaftliche Leben kann ohne Wissenschaft nicht mehr sein;

aber der einzelne kann durchaus ohne eigene Teilnahme an der Wissenschaft leben. Aber wer daran teilnimmt, nimmt auch an der Verantwortung der Wissenschaft für das gesellschaftliche Leben teil; und er muß finden, welchen Beitrag er dazu leisten kann. Der Sinn des Umgang mit Wissenschaft kann niemals nur im privaten Nutzen liegen. Er wird immer auch folgenreich für die Allgemeinheit.

Wir fassen nun bisher Gesagtes zusammen und betonen vorab, daß die Beteiligung Älterer am Forschungsprozeß überhaupt und an bestimmten Forschungsvorhaben im Umkreis der Gerontologie insbesondere höchst wünschenswert ist. Sie können Erfahrungen einbringen, die für die Erkundung bestimmter historischer oder sozialer oder politischer Sachverhalte unentbehrlich sind; sie können der Forschung durch ihre Fragen, die Fragen des Alters sind, Impulse geben; sie können durch ihre Integration in Forschung eine Mehrung geistigen Potentials in der Gesellschaft bewirken. Sie können auf der Basis wissenschaftlicher Erkundung sich kompetent, begründet und reflektiert zu Belangen ihrer Generation öffentlich äußern.

Ihre Teilnahme kann passiv oder aktiv sein. Die passive Teilnahme bedeutet die Beteiligung an Schritten und Fortschritten der Forschung, soweit diese mit Lehrinhalten verbunden sind und durch die Vermittlung von wissenschaftlichen Erkenntnissen weitergegeben werden. Insoweit ist Teilnahme von älteren Studierenden an Forschung geradezu unvermeidlich, und sie ist im übrigen nicht typisch für Ältere. Wohl aber hat sie ihren Wert in der Förderung von Bildung, damit in der Mehrung der Gebildeten und eine Steigerung des geistigen Potentials der Gesellschaft. Eine von Wissenschaft geprägte Gesellschaft, eine von Wissenschaft beherrschte Kultur, eine von der Autorität der Wissenschaft abhängige technizistische Zivilisation können auch unter den Älteren die wissenschaftlich Gebildeten nicht entbehren. Umgekehrt erleichtert Teilnahme am Wissenschaftsprozeß das Verständnis des permanenten Wandels gesellschaftlicher und kultureller Zusammenhänge. Damit ist zur Rechtfertigung passiver Teilnahme Älterer an dem der Wissenschaft immanenten Forschungsprozeß das Nötige gesagt.

Die aktive Teilnahme am Forschungsprozeß stellt sich in zwei Formen dar. Einmal ist es das Einbringen von Erfahrungen des Alters in den Forschungsprozeß, dort wo diese Erfahrungen thematisiert werden, wo sie als nicht anders zu gewinnendes Wissen zum Gegenstand der Forschung werden. Der Informationswert von Erfahrung Älterer für bestimmte Sektoren der Wissenschaft ist unbestreitbar. Zum anderen zeigt sich die aktive Teilnahme Älterer durch eigene Forschungsleistungen, die von Wissenschaftlern begleitet werden. Im Seniorenstudium als einer spezifischen Form des Studiums haben solche Forschungsarbeiten dann ihren Platz, wenn sie sich auf Problemfelder beziehen, die in der Universität nicht bearbeitet werden oder nicht adäquat bearbeitet werden können. Das wird nur bei den gerontologischen Studien der Fall sein, die in der Universität nicht verortet sind, an die Erfahrungswelt der Älteren anknüpfen und insofern erst durch die Mitwirkung Älterer einen besonderen Effekt versprechen. Man wird an einen Verbund von Universitätsstudium und Seniorenstudium denken können. Die Älteren werden nicht dadurch schon zu Forschern, daß sie am Forschungsprozeß teilnehmen, sondern nur dadurch, daß sie sich der Mühe des Erwerbs von methodischem Rüstzeug unterziehen. Einfacher ist es nicht zu haben. Daß das auch im Alter möglich ist, wird nicht bezweifelt; davon war im Vorstehenden ausführlich die Rede. Aber es wird die Ausnahme bleiben, und diese unterscheidet sich grundsätzlich nicht von der Forschungshaltung Jüngerer. Dann aber haben sie auch nicht nötig, die Illusion zu nähren, daß schon eine bloße Sichtung von Erfahrung oder das gewissenhafte Sammeln von Daten bereits als Forschung und nicht als Beitrag zur Forschung bezeichnet zu werden verdiente.

Die Wissenschaft stellt Ansprüche, denen auch studierende Ältere nicht ausweichen dürfen, wenn sie, um ihre Bildung besorgt, einen solchen Beitrag zur Forschung leisten wollen oder auf ihre Weise mit der Wissenschaft voranschreiten wollen. Zu dieser Leistung aber sind sie durchaus aufgefordert, im Interesse ihrer Bildung ebenso wie im Interesse der Gesellschaft. Ihre Achtung vor der Wissenschaft wird sie dabei leiten.

Vielleicht ist es deshalb nicht unnütz, abschließend noch ein paar Bemerkungen über Wissenschaft als Wissenschaft zu machen. Was heißt Wissenschaft? Im Vorstehenden ist, ohne es thematisiert zu haben, von einem Allgemein-Begriff von Wissenschaft ausgegangen worden. Es wurde ein Vorverständnis dessen unterstellt, was mit dem Namen Wissenschaft bezeichnet werden soll. Jedermann hat sich einen Begriff von Wissenschaft gemacht. Bei näherem Zusehen wird man jedoch sofort gewahr, daß es sich hier um keine Selbstverständlichkeit handelt: Das Verständnis von Wissenschaft variiert. Was Wissenschaft ist, versteht sich nicht von selbst. Studierende Ältere werden das oft genug bemerken, wenn sie sich auf das Abenteuer der Forschung einlassen wollen. Jüngere Studierende merken das spätestens dann auch, wenn ihnen Zweifel an der Studierfähigkeit bewußt werden; denn Studierfähigkeit heißt doch nichts anderes, als die Fähigkeit zum Umgang mit der Wissenschaft zu besitzen. Das heißt mindestens, der wissenschaftlichen Lehre verständnisvoll und zugleich kritisch folgen und sich am Forschungsprozeß beteiligen zu können. Nun wird man nicht erwarten, an dieser Stelle in die gründliche Diskussion über Wissenschaft und Wissenschaftlichkeit einzutreten. Das verbietet die Komplexität von Wissenschaftstheorie. Es muß deshalb mit einer These, die sich wiederum unvermeidlich der Kritik aussetzt, genug sein. Diese lautet: *Wissenschaft ist ein Bündel von Aussagen, Definitionen und Regeln, die alle sich auf einen begrenzten Wirklichkeitsbereich beziehen und miteinander logisch verknüpft sind. Die Aussagen, Definitionen und Regeln haben dem Prinzip der Widerspruchsfreiheit zu genügen und müssen durch ihre methodische Struktur intersubjektiv überprüfbar sein.*

Der Versuchung, die einzelnen Begriffe zu analysieren und ihre Stellung im Ganzen der These zu begründen, soll mit Rücksicht auf den Leser widerstanden werden, zumal die Stringenz der These von jedem, der mit Wissenschaft Umgang hat, überprüft werden kann. Wer freilich von Wissenschaft noch gar nichts weiß, kann auch an wissenschaftlichen Aussagen noch nichts kritisieren. So muß, wer forschen will, schon wissen, was Forschung ist. Mit förderlicher Ironie kann vielleicht gesagt werden: Wer zu solcher Überprüfung noch nicht fähig ist, hat noch keinen Begriff von Wissenschaft; denn der hermeneutische Zirkel bringt sich auch hier zur Geltung: Man kann etwas nur erkennen, wenn man von ihm schon etwas weiß. Wie läßt sich etwas untersuchen, wenn man nicht weiß, was man sucht? Wie läßt sich etwas erforschen, was nicht schon als Forschungsgegenstand definiert ist?

Doch sei zum Abschluß noch erklärt, warum dem geduldigen Leser, der sich von allen Abstraktionen nicht an der Lektüre hat hindern lassen, die These über Wissenschaft zugemutet wird. Das geschieht natürlich zunächst, damit sich ältere Studierende einen Begriff von dem machen können, was ihnen im akademischen Raum begegnet, auch wenn es schwer genug ist, das Abstrakte im Konkreten aufzufinden. Das geschieht auch, damit Wissenschaftlern das den Ausführungen zugrunde liegende Verständnis von Wissenschaft zur gefälligen Kritik vorgelegt wird. Das geschieht schließlich, damit, wer sich auf den mühsamen (aber beglückenden) Weg der Forschung macht, weiß, aus welchem Material dieser Weg gebaut ist, damit er nicht Wege geht, die ihn vom Forschen abbringen, statt zu ihm hinzuführen, damit er einen Weg findet, auf dem das Studieren zu einem guten Ziel gebracht werden kann, damit er endlich erkennt, daß der Weg von Lehre und Forschung, wie uns die Griechen gelehrt haben - Methode heißt.

Vielleicht erforschen Ältere, wie sie als Ältere auf diesem Weg vorankommen.

Literatur

Arnold, Brunhilde u. a. (Hrsg.): „Ich warte auf den Tag an der Uni", Studienerfahrungen von Studierenden über 60 Jahre, Universität Oldenburg, Oldenburg 1988

Baacke, Dieter / Schütze, Theodor (Hrsg.): Pädagogische Biographieforschung. Orientierungen, Probleme, Beispiele. Weinheim/Basel 1985

Baltes, Margret M. u. a. (Hrsg.): Erfolgreiches Altern, Bern 1989

Baltes, Paul B. / Mittelstrass, Jürgen (Hrsg.): Zukunft des Alterns durch gesellschaftliche Entwicklung, Berlin 1992

Baltzer, Johannes u. a. (Hrsg.): Wissenschaftliche Weiterbildung älterer Erwachsener, Kassel 1989

Behrend, Christoph: Berichtsmodell sozialgerontologischer Forschung, Berlin 1985

Böhme, Günther: Verständigung über das Alter, Idstein 1992

Böhme, Günther / Potyka, Klaus: Erfahrung in Wissenschaft und Alltag, Idstein 1995

Böhme, Günther / Dabo-Cruz, Silvia (Hrsg.): Erfahrung und Subjektivität, Idstein 1992

Böhme, Günther: Der Erfahrungsbegriff in der Erziehungswissenschaft und die pädagogische Erfahrung, in: Hessische Blätter für Volksbildung 3/1982, S. 197 - 206

Breloer, Gerhard u. a. (Hrsg.): Auswirkungen des Seniorenstudiums, Münster 1997

Clenell, Stefanie (ed.): Older Students in Europe, The Open University, Eynham, Oxford 1990

Detel, Wolfgang: Wissenschaft, in: Martens, Ekkehard / Schnädelbach, Herbert (Hrsg.), Philosophie, ein Grundkurs, Reinbek 1985 S. 172-216

Dieckmann, Bernhard: Der Erfahrungsbegriff in der Pädagogik, Weinheim 1994

Eierdanz, Jürgen: Seniorenstudium in der Bundesrepublik Deutschland, Bonn 1990

Gadamer, Hans-Georg: Wahrheit und Methode, Tübingen 1963

Graessner, Gernot u. a. (Hrsg.): Bestandsaufnahme und Perspektiven des Seniorenstudiums, Bielefeld 1994

Hierdeis, Helmwart / Hug, Theo (Hrsg.): Taschenbuch der Pädagogik, Band 2, Hohengehren 1996 (Erziehungswissenschaft/Pädagogik: Methoden S. 521-651

Hosemann, Rudolf: Berufserfahrung und wissenschaftliches Studium, Frankfurt a. M. 1989

Krings, Hermann u. a. (Hrsg.): Handbuch philosophischer Grundbegriffe, Studienausgabe 6. Band. München 1974 (Wissenschaft S. 1740-1764)

Losee, John: Wissenschaftstheorie, eine historische Einführung, München 1977

Malwitz-Schütte, Magdalene u. a. (Hrsg.): Studieren ab 50 - ein wissenschaftliches Weiterbildungsprogramm für Erwachsene im mittleren und höheren Lebensalter, Bielefeld 1994

Nassen, Ulrich (Hrsg.): Texthermeneutik. Aktualität, Geschichte, Kritik. Paderborn 1979

Reimann, Helga / Reimann, Horst: Das Alter, Einführung in die Gerontologie, Stuttgart 1994

Roth, Erwin (Hrsg.): Sozialwissenschaftliche Methoden. Lehr- und Handbuch für Forschung und Praxis, München/Wien 1984

Rombach, Heinrich: Wissenschaftstheorie, 2 Bde., (Hrsg.) Freiburg i. Br. 1994

Sandkühler, Jörg (Hrsg.): Europäische Enzyklopädie zu Philosophie und Wissenschaften, Bd. 4, Artikel: Wissen, Wissenschaft, Wissenschaftsentwicklung, Hamburg 1990

Stadelhofer, Carmen (Hrsg.): Kompetenz und Produktivität im dritten Lebensalter, Bielefeld 1996

Teichert, Dieter: Erfahrung, Erinnerung, Erkenntnis, Stuttgart 1991

Tschamler, Herbert: Wissenschaftstheorie, Bad Heilbrunn/Obb. 1983

Zahn, Lothar: Die akademische Seniorenbildung, Weinheim 1993

Frank-Olaf Brauerhoch, Silvia Dabo-Cruz

Ehrenamtliches Engagement und wissenschaftliche Weiterbildung. Ein Forschungs- und Seminarbericht

I. Einleitung

I. 1. Allgemeines und Historisches

Ehrenamtliches Engagement und wissenschaftliche Weiterbildung sind zwei Themen, die auf unterschiedliche Weise in Zusammenhang gebracht werden können. Vom Ort der wissenschaftlichen Weiterbildung Älterer aus gesehen, stellt sich ehrenamtliches Engagement als ein Bereich nachberuflicher und nachfamilialer Rollen Älterer dar. Dieser Bereich scheint an Bedeutung zu gewinnen und wird daher möglicherweise deutlicher als bisher einen Bezugspunkt in Konzepten der Weiterbildung bilden.

Der Begriff des ehrenamtlichen Engagements, der im Projekt, über das hier berichtet wird, als „Arbeitsbegriff" benutzt wurde, verweist auf die Entstehung des bürgerlichen Ehrenamtes in Deutschland Anfang des 19. Jahrhunderts. Dieses Ehrenamt entstand im Zuge der Integration des Bürgertums in den absolutistischen Staat als administratives Amt im Rahmen von lokaler Mitverwaltung durch die Bürger (Sachße 1992, Wessel 1994). Die Herausbildung eines davon getrennt zu betrachtenden sozialen Ehrenamtes hat ihren Ursprung in der kommunalen öffentlichen Armenfürsorge. Der Begriff diente aber bald auch zur Bezeichnung von Formen der privaten Wohltätigkeit, die besonders in der 2. Hälfte des 19. Jahrhunderts in Deutschland wichtig wurde und zur Gründung von zahlreichen privatwohltätigen Vereinen führte. Damit war ein quasi *privates* neben das *öffentliche* soziale Ehrenamt (wofür der Begriff „Amt" zunächst ausschließlich stand) getreten. Diese Entwicklung setzte sich fort, indem später der Bezug zum „Amt" völlig verloren ging und der Begriff faktisch für die Ausübung von freiwilligen (sozialen) Hilfstätigkeiten stand. Auch die ursprüngliche Koppelung an die Selbstgestaltung der lokalen Angelegenheiten durch die Bürger ging in der späteren Entwicklung verloren. Das Ehrenamt wurde nun durch eine zunehmende Professionalisierung der kommunalen Verwaltung und der kommunalen Sozialpolitik marginalisiert. Es entstanden besonders im Bereich der sozialen Hilfen neue Motivations- und Organisationsformen. Entscheidend für die Bereitschaft zu ehrenamtlichem Engagement wurden bestimmte Werthaltungen. Die im 19. und am Anfang des 20. Jahrhunderts entstehenden konfessionellen Wohlfahrtsverbände und Organisationen der Arbeiterbewegung stellten neue Organisationsformen dar, die das soziale ehrenamtliche Engagement gewissermaßen vereinnahmten. Damit ging ein gesellschaftlicher Bedeutungsverlust des „privat" ausgeübten sozialen Ehrenamtes einher. Aufgrund der wohlfahrtsstaatlichen Politik und der rapiden Entwicklung der sozialen Berufe und öffentlichen Institutionen, im Zuge der Differenzierung der Werte und Pluralisierung der Wertgemeinschaften schien weder großer Bedarf noch das Bedürfnis nach ehrenamtlichem Engagement vorhanden.

Die „Wiederentdeckung" des ehrenamtlichen Engagements heute hängt nicht zuletzt mit der Diskussion über die Grenzen des Sozialstaates zusammen. Die freiwillige Übernahme ehrenamtlicher Aufgaben, für die bisher der „Staat" sei es als kommunaler Träger oder als Financier von Trägern der Wohlfahrtspflege aufgekommen ist, erscheint als eine Möglichkeit, Wege aus der „Krise" zu finden und neue, weniger festgelegte Formen der Eigenarbeit der Bürger auszuprobieren. Das neue Ehrenamt ist auch entstanden aus der Kritik an den sozialstaatlichen Instrumenten. Dem problemdefinierenden und normierenden Zugriff der Sozialverwaltung wurde sich entzogen um den Preis der fehlenden Alimentierung aus Steuergeldern. Auch die geringeren Chancen, eine kontinuierliche Erwerbsbiographie vorzuweisen, sei es durch Arbeitslosigkeit oder freiwilligen (Vor-) Ruhestand, lassen die Möglichkeiten zum von der Erwerbsarbeit unabhängigen Engagement größer werden, wobei nicht vergessen werden darf, daß eine vorhandene Grundsicherung nach wie vor eine unabdingbare Voraussetzung allen weiteren freiwilligen Engagements darstellt.

Die Gruppe der aktiven älteren Menschen, die im Zuge einer differenzierten Betrachtung des Alters „entdeckt" wurde, stellt in diesem Zusammenhang eine besondere Zielgruppe dar. Menschen in der Phase nach Erwerbs- und Familienarbeit verfügen über relativ viel freie Zeit, ihre materielle Situation ist häufig günstig. Viele fühlen sich gesund und leistungsfähig und sind es auch im Vergleich zu früheren Generationen (Tews 1995). Zahlenmäßig hat diese Gruppe stark zugenommen (Strukturwandel des Alters) Gleichzeitig werden Trends zu einer Erhöhung der Aktivität, Leistungsfähigkeit und -bereitschaft prognostiziert (Zwischenbericht der Enquete-Kommission Demographischer Wandel, 1994: 376-383).

Innerhalb der Gerontologie stehen gegenwärtig Forschungen im Vordergrund, die, auf die Optimierung von Altersprozessen gerichtet, in ihren Ergebnissen auf die individuellen Potentiale älterer Menschen hinweisen. Gemeint sind hier die Potentiale und Ressourcen, die sowohl das Vorhandensein von Wissen und Erfahrung, steigerungsfähige Leistungsbereiche und Kompetenzen beinhalten wie z.B. die Fähigkeit zu Retrospektion und Antizipation, zu integrativem Handeln und Verantwortungsbewußtsein als auch das Bedürfnis nach nützlicher Tätigkeit und sozialer Teilhabe. (z.B. Baltes/Mittelstraß 1993; Baltes, M.M. 1995).

Auf diesen Ergebnissen aufbauend, wird „Produktivität des Alters" (Knopf, u.a. 1989) gewissermaßen als individuelle und gesellschaftliche Entwicklungschance im Sinne einer Gestaltung des Alters prognostiziert. Gleichzeitig wird allerdings darauf hingewiesen, daß es kaum geeignete gesellschaftliche Strukturen gibt, um die vorhandenen Potentiale auf eine individuell sinnvolle und befriedigende Weise zu nutzen. Diese strukturelle Diskrepanz (Riley/Riley 1993) könne mit dem Ermöglichen von größeren Handlungsspielräumen und der Bereitstellung von neuen Handlungsfeldern für ältere Menschen überwunden werden. Unter einer gesellschaftlich funktionalen Perspektive werden hier z.B. Formen der Übernahme ehrenamtlicher Aktivitäten und der Selbstorganisation diskutiert.

Die neuen Formen des bürgerschaftlichen Engagements werden nun besonders im Hinblick auf die Gruppe der aktiven Älteren administrativ und politisch aufgegriffen. Zum einen entstanden in einigen bundesdeutschen Städten „Seniorenbüros", die für ältere Menschen den „Unruhestand" proklamieren und sich als „Arbeitsamt für Ehrenamtliche" verstehen, indem sie versuchen, Anbieter und Nachfrager von ehrenamtlicher Arbeit zusammenzubringen; so zum Beispiel der pensionierte Lehrer, der Nachhilfe anbietet, oder die Rentnerin, die Bewachungsaufgaben in den städtischen Museen wahrnimmt. Hier findet eine sozial- und arbeitsmarktpolitisch nicht immer eindeutige Gratwanderung statt. Zum anderen dient die vorhandene Nachfrage nach Möglichkeiten zur ehrenamtlichen Tätigkeit als Beleg für ein von zentralen, regulierenden, staatlichen Stellen unabhängiges „zivilgesellschaftliches" Engagement, das nicht auf die Problemlösung von außen oder oben wartet, sondern selbstverantwortlich in verschiedenen Bereichen sich zu engagieren versucht. In diesen Nachfragen wird der Schlüssel für eine neue Selbstorganisation der Gesellschaft gesehen, in der sich Lösungsmöglichkeiten aus der Krise des Sozialstaates andeuten und die auf die Vielfältigkeit von Normen und Werten in einer Weise reagiert, wie es von einer Bürokratie erst gar nicht erwartet werden kann. Auch Altenhilfe und Altenpolitik propagieren Lösungen von Problem- und Bedarfssituationen durch die aktiven Älteren selbst. Die sich in den letzten Jahren verstärkt herausbildenden Initiativen, z.B. Seniorengenossenschaften, Wohnprojekte, Selbsthilfegruppen Älterer, zeigen allerdings deutlich, daß die Bereitschaft zum Engagement zunehmend mit der Möglichkeit einer produktiven Selbstgestaltung der Eigenaktivität verknüpft ist (Kade 1994: 171).

Die in den neuen Ehrenämtern Tätigen sind bereit, Aufgaben zu übernehmen, für die sie nicht unbedingt aus ihrer bisherigen Biographie heraus qualifiziert sind. Doch bereits im Begriff der Qualifikation zeigen sich Unterschiede bei der Definition des Gegenstandes und seiner angemessenen Bearbeitung. Hier besteht ein Konfliktfeld zwischen Ehrenamtlichen und Hauptamtlichen, das einerseits einer Rollenvereinbarung zwischen Laien und Professionellen bedarf, in dem andererseits auch traditionelle Tätigkeitsmuster mit neuen Zugängen zum Gegenstand aufeinandertreffen.

Im Zuge dieser Entwicklungen gewinnt auch der Bereich von Ausbildung und Qualifikation für Ehrenämter an Bedeutung. Von seiten der Wissenschaftlichen Weiterbildung Älterer gibt es unterschiedliche Zugänge. Die Hochschulen in Deutschland beschäftigen sich schon fast 20 Jahre mit einer alterspluralen Öffnung der Universität, bei der ein Propagieren des Studierens im Alter und das Zur-Verfügung-stellen von allgemeiner wissenschaftlicher Bildung im Vordergrund stand. Handlungsorientierte Studiengänge, wie etwa die im Rahmen eines Modellversuch entwickelte „Ausbildung von Animateuren und Multiplikatoren“ in Dortmund oder die „Berliner Ausbildung für nachberufliche Arbeitsbereiche“ der TU stellten bisher eher Ausnahmen dar. Gegenwärtig zeichnet sich aber eine Perspektivenerweiterung ab. Es werden zunehmend Fragen eines gesellschaftlichen Transfers des im Studium im Alter erworbenen Wissens diskutiert (Stadelhofer 1995).

Die Themenkreise Ehrenamtliches Engagement und Wissenschaftliche Weiterbildung berühren also eine Vielfalt von sozialwissenschaftlichen, sozial- und berufspolitischen, pädagogischen und nicht zuletzt historischen Fragestellungen. Im Projekt konnten sie als Kontexte der Fragestellung nur angedeutet werden; die Eingrenzung von Forschungsgegenstand und Fragestellung mußte notwendigerweise viele Aspekte unberührt lassen.

I. 2. Fragestellungen und Vorgehen

Das Projekt ist im Rahmen der Konzeptions- und Programmentwicklung der Universität des 3. Lebensalters an der Johann Wolfgang Goethe-Universität (U3L) angesiedelt. Die Idee, speziell den Bereich der ehrenamtlichen Tätigkeit der Studierenden zu erforschen, entstand aus einem Diskussionszusammenhang zwischen „Universität des 3. Lebensalters“, dem

„Institut für Sozialarbeit“ und dem dort angesiedelten „Büro Aktiv“ in Frankfurt a. M.

Zielsetzung war, Erkenntnisse für eine konzeptionelle Weiterentwicklung des Studienangebots der U3L zu gewinnen. Eingegrenzt wurde die Fragestellung darauf, ob sich die Notwendigkeit einer stärkeren Differenzierung und speziellen Strukturierung von Studienangeboten entsprechend der unterschiedlichen - möglicherweise unter anderem in Richtung Qualifizierung für ehrenamtliche Tätigkeiten gehenden - Bedürfnisse der Studierenden ergibt.

Eine zweite, gleichrangige Fragestellung ist in der Besonderheit begründet, daß es zu den Zielen der U3L gehört, ihre Konzeption und ihr Studienprogramm gemeinsam mit der Zielgruppe weiterzuentwickeln. Die Frage richtete sich auf die Umsetzung dieser Zielsetzung und konkretisierte sich in der Einschätzung des methodischen Vorgehens, die die inhaltliche Arbeit begleitete. Die Forschungsseminare im Zusammenhang des Projekts stellen daher gleichzeitig ein Experiment dar, in dem Erfahrungen darüber gesammelt wurden, welche Chancen der Beteiligung von Studierenden an einem solchen Forschungsprozess eröffnet werden können.

Folgende Fragen wurden bearbeitet:

- Wie stark sind die Studierenden der U3L ehrenamtlich engagiert?
- Gibt es bei den Studierenden der U3L ein Bedürfnis nach Qualifikation für ehrenamtliche Tätigkeiten, das sich in ihrer Schwerpunktwahl innerhalb des Lehrangebots der U3L ausdrückt?
- Welche Tätigkeiten werden von den Studierenden ausgeübt und wie sieht der Alltag ehrenamtlicher Tätigkeiten aus?
- Bestehen Zusammenhänge zwischen Zugängen zum Ehrenamt, Anforderungen im jeweiligen Tätigkeitsfeld und Weiterbildungswünschen?
- Welche Chancen gibt es, Studierende an einem Forschungsprozeß zu beteiligen, in dem o.g. Fragen beantwortet werden?

Das Projekt erstreckte sich über einen Zeitraum von eineinhalb Jahren. Dabei wurden verschiedene methodische Teilschritte miteinander kombiniert. Zunächst wurde eine schriftliche Befragung der Studierenden der U3L durchgeführt, daran schlossen sich Analysen bereits vorliegenden statistischen Materials an. Parallel zu den quantitativen Erhebungen wurde ein Forschungsseminar für Studierende der U3L, das sich über 3 Semester erstreckte, durchgeführt.

Im Folgenden werden im zweiten Kapitel die Ergebnisse der statistischen Erhebungen dargestellt. Der Verlauf der Begleitseminare wird in Kapitel 3 beschrieben. Dort werden auch die Ergebnisse der qualitativen Untersuchungen, die von den Studierenden durchgeführt wurden, dokumentiert. Im abschließenden vierten Kapitel wird der Versuch unternommen, Schlußfolgerungen zu ziehen.

II. Statistische Erhebungen

II. 1. Art und Umfang des ehrenamtlichen Engagements unter den Studierenden der U3L

Die Studierenden des Sommersemesters 1995

Im Zusammenhang der bereits dargestellten Fragestellungen bestand das Interesse zu erfahren, ob es Zusammenhänge zwischen dem Besuch von Lehrveranstaltungen an der Universität und dem alltäglichen, außeruniversitären, zum größten Teil ehrenamtlichen Engagement der Teilnehmerinnen und Teilnehmer gibt.

Zur Beantwortung dieser Frage erschien es sinnvoll, zunächst in Erfahrung zu bringen, wie hoch der Anteil der ehrenamtlich Tätigen unter den Studierenden ist. Wohl wissend, daß die Definition einer nachberuflichen Tätigkeit als „Ehrenamt“ diskussionswürdig und -bedürftig ist, wurde vom alltagspraktischen Gebrauch dieses Begriffs ausgegangen.

Um festzustellen, wie hoch der Anteil der ehrenamtlich Tätigen unter den Studierenden der Universität des 3. Lebensalters ist, wurde zu Beginn des Sommersemesters 1995 allen Studierenden zusammen mit den Semesterunterlagen ein kurzer Fragebogen zugesandt. Die Teilnahme an der Befragung war freiwillig und mit der Bitte verbunden, den ausgefüllten Fragebogen in einem beigefügten Umschlag zu Beginn des Vorlesungsbetriebs bei der Geschäftsstelle der Universität des Dritten Lebensalters abzugeben.

Insgesamt wurden 1116 Fragebögen ausgegeben. Bis zum Zeitpunkt der Auswertung waren 522 beantwortete Bögen eingegangen. Dies entspricht einem Rücklauf von 47%.

Altersgruppen und Geschlecht

Die 61- bis 65jährigen und die 66- bis 70jährigen sind die am stärksten vertretenen Altersgruppen. Ihre Anteile sind mit jeweils knapp 30% etwa gleich groß. Dies bedeutet: etwas mehr als die Hälfte aller Antwortenden waren zum Zeitpunkt der Befragung zwischen 61 und 70 Jahren alt.

Tabelle 1: Altersgruppen

Altersgruppen	bis 50	51-55	56-60	61-65	66-70	71-75	76-80	> 80	Basis (absolut)
Anzahl	6	39	87	152	142	65	19	12	522
%	1,1	7,5	16,7	29,1	27,2	12,5	3,6	2,3	100

Beachtet man die Zusammensetzung der Antwortenden nach Männern und Frauen, zeigt sich, daß der Anteil an Frauen im Durchschnitt höher ist als der Anteil an Männern. 60% der Antwortenden sind Frauen. Nach Altersgruppen unterschieden zeigt sich ein differenziertes Bild. In der am stärksten vertretenen Altersgruppe, den Personen zwischen 61 und 65 Jahren, entspricht das Verhältnis von Männern zu Frauen in etwa dem Durchschnitt. In der nächstgroßen Altersgruppe, den 66-70jährigen ist jedoch der Anteil der Männer überdurchschnittlich hoch (54% gegenüber 40% im Durchschnitt). Ähnlich außergewöhnliche Anteile an Frauen finden sich dagegen in den jüngeren Altersgruppen bis 60 Jahren. Diese Besonderheiten in der Verteilung der Antwortenden nach Alter und Geschlecht werden bei der weiteren Bearbeitung zu berücksichtigen sein.

Tabelle 2: Altersgruppen und Geschlecht

Altersgruppen	**männl. (%)**	**weibl. (%)**	**Basis (absolut)**
bis 50	16,7	83,3	6
51-55	10,3	89,7	39
56-60	32,2	*67,8*	87
61-65	*41,4*	*58,6*	152
66-70	*53,5*	*46,5*	142
71-75	35,4	*64,6*	65
76-80	42,1	57,9	19
älter	41,7	58,3	12
Durchschnitt	39,8	*60,2*	522

Graphik zu Tabelle 2

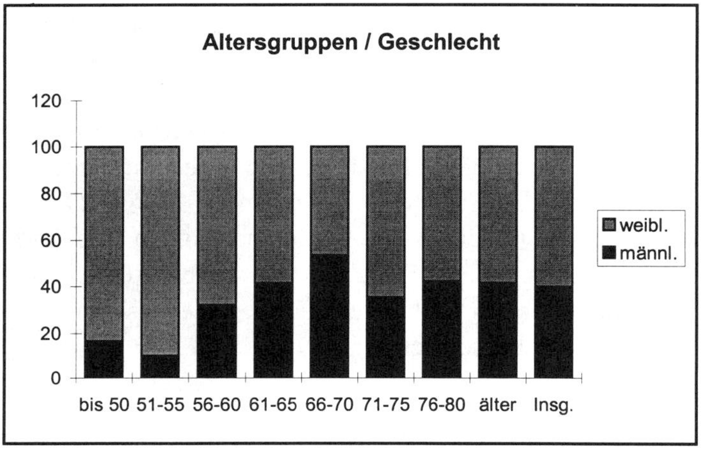

Die ehrenamtlich aktiven Studierenden des Sommersemesters 1995

Altersgruppen und Geschlecht

Von den 522 Antwortenden waren zum Zeitpunkt der Befragung 204 Personen ehrenamtlich aktiv, das entspricht einem Anteil von 39%.

Nach Altersgruppen aufgeteilt zeigt sich, daß bei den 71- bis 75jährigen der Anteil der ehrenamtlich Engagierten am höchsten ist. An zweiter Stelle steht die Gruppe der 66- bis 70jährigen. (Der hohe prozentuale Anteil bei den über 80jährigen wird hier nicht berücksichtigt, da es sich absolut lediglich um 12 Personen handelt.)

Die Anteile an Männern und Frauen sind unter den ehrenamtlich Aktiven nahezu gleich zur Grundgesamtheit.

Tabelle 3: Altersgruppen

Ehrenamtlich aktiv nach Altersgruppen	ja (%)	nein (%)	*Anzahl*
bis 50 Jahre	33,3	66,7	*6*
51-55 Jahre	38,5	61,5	*39*
56-60 Jahre	40,2	59,8	*87*
61-65 Jahre	32,7	67,3	*150*
66-70 Jahre	44,0	56,0	*144*
71-75 Jahre	49,2	50,8	*65*
76-80 Jahre	15,8	84,2	*19*
Älter	58,3	41,7	*12*
Durchschnitt	39,1	60,0	*522*

Tabelle 4: Geschlecht

Ehrenamtl. aktiv	**männl.** (%)	**weibl.** (%)	**Insg.** (%)	**Basis (absolut)**
ja	38,7	61,3	39,1	204
nein	40,9	59,1	60,0	313
keine Angabe	20,0	80,0	1,0	5
Durchschnitt	39,8	60,2	100,0	522

In der nun isoliert betrachteten Untersuchungsgruppe der ehrenamtlich Aktiven bis 75 Jahre (N=194) besteht ein zahlenmäßiges Verhältnis von Männern zu Frauen von 39% zu 61%. Doch in der Altersgruppe *zwischen 66 und 70 Jahren* ist im Vergleich zu allen Aktiven der *Anteil der Männer höher (51%).* Bei den Aktiven *unter 60 Jahren* geht die Ausnahme vom Durchschnitt „in die andere Richtung“: hier ist der *Frauenanteil höher (75%)* als im Durchschnitt. Dies bedeutet: unter den jüngeren ehrenamtlich Aktiven (unter 60 Jahre) sind die Frauen stärker vertreten, in der Altersgruppe der 66- bis 70jährigen Aktiven die Männer. Dies entspricht aber den unterschiedlichen Verteilungen von Männern und Frauen in der Grundgesamtheit (vgl. Tabelle 2). Damit lassen sich für die Untersuchungsgruppe Alter und Geschlecht als nur unwesentliche Einflußgrößen für das ehrenamtliche Engagement Älterer bestimmen

Tabelle 5: Ehrenamtlich Aktive nach Altersgruppen und Geschlecht

TYP	Männer (%)	Frauen (%)	Basis (absolut)
aktiv / bis 60	25,0	75,0	52
aktiv / 61-65	40,8	59,2	49
aktiv / 66-70	50,8	49,2	61
aktiv / 71-75	34,4	65,6	32
insgesamt	38,7	61,3	194

Anzahl der Ehrenämter

Von allen ehrenamtlich Aktiven haben 61% ein Ehrenamt und 39% mehrere Ehrenämter. Die Anteile an Männern und Frauen unterscheiden sich nicht wesentlich von der Grundgesamtheit. Bei den Personen, die ein Ehrenamt ausüben, ist der Anteil der Frauen geringfügig höher als im Durchschnitt, entsprechend wurde unter den Personen, die mehrere Ehrenämter ausüben, ein etwas höherer Anteil an Männern festgestellt.

Tabelle 6: Anzahl der Ehrenämter

Anzahl der Ehrenämter	Männer (%)	Frauen (%)	insg. (%)	Basis (absolut)
ein Ehrenamt	34,1	65,9	61,0	123
mehrere Ehrenämter	44,2	55,8	39,0	77
Durchschnitt	38,7	61,3	100,0	204

Bereiche der ehrenamtlich Tätigen unterschieden nach dem Geschlecht der Antwortenden

Die ehrenamtlich Aktiven wurden gebeten, unter einer bestimmten Auswahl vorgegebener Bereiche anzugeben, in welchen Bereich sie tätig sind.

Am häufigsten wurde genannt: „Ich arbeite in einer Institution / einem Verein, die / der sozialen Zwecken dient" (24%).
An zweiter Stelle lagen die Angaben, in einer „Institution / einem Verein zu arbeiten, der kulturelle Ziele" verfolgt, ebenso wie in einem Verein zu arbeiten, „bei dem ich meinen Interessen / Neigungen nachgehen kann". (14%/13%). In einer Partei zu arbeiten, „die politische Ziele verfolgt", oder in einem Verband zu arbeiten, der berufs- oder sozialpolitische Ziele verfolgt", haben nur wenige angegeben. Gleiches gilt für die Aussage: „Ich bin in einer Initiative / Selbsthilfeorganisation tätig" (je 4%). „Unbezahlte Tätigkeiten in einer Firma mit Erwerbscharakter" auszuüben, haben lediglich 5 Personen angegeben (1%).

Von den Antwortenden waren 60% Frauen und 40% Männer. In dem von den ehrenamtlich Tätigen am häufigsten genannten Bereich „Verein mit sozialen Zwecken" ist der Anteil an Frauen höher als in der Grundgesamtheit. In den an zweiter Stelle genannten Vereinen mit kulturellen Zielen oder Vereinen, in denen den eigenen Interessen nachgegangen wird, entsprechen die Anteile von Männern und Frauen etwa der Grundgesamtheit.

Hier sind also keine geschlechtsspezifischen Unterschiede festzustellen. In den übrigen vier Bereichen ist die Anzahl der Nennungen so gering, daß die unterschiedliche Verteilung nach Männern und Frauen nicht mehr interpretiert werden sollte.

Tabelle 7: Bereiche der ehrenamtl. Tätigen

Bereiche der ehrenamtl. Tätigen	Männer (%)	Frauen (%)	Nennungen je Frage (absolut)
soz. Verein	31,5	68,5	124
kult. Verein	42,3	57,7	71
Hobby-Verein	40,0	60,0	65
Partei	58,3	41,7	24
Verband	43,5	56,5	23
Selbsthilfe	21,7	78,3	23
Firma	80,0	20,0	5
Durchschnitt	39,8	60,2	

Graphik zu Tabelle 7

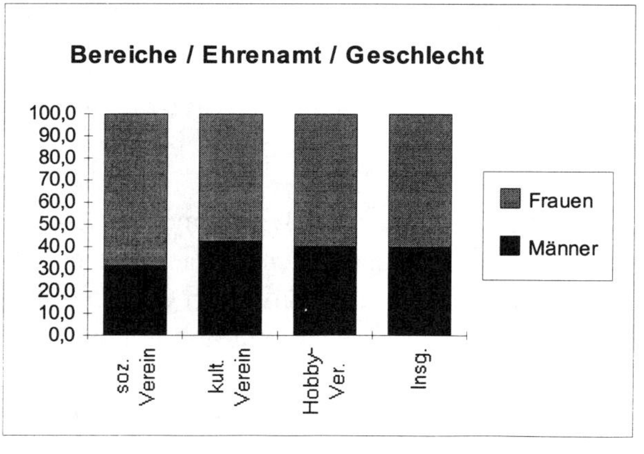

Häufigkeit des ehrenamtlichen Engagements

Tabelle 8: Häufigkeit des ehrenamtlichen Engagements (1)

Häufigkeit des Engagements	täglich	mind.1x / Woche	mind.1x / Monat	seltener	keine Antwort	Summe
Anzahl	14	129	44	12	5	204
%	6,9	63,2	21,6	5,9	2,4	100

Unter den Antwortenden, die ehrenamtlich aktiv sind (N=204) haben 199 geantwortet, in welcher Häufigkeit sie ihr(e) Ehrenamt/-ämter ausüben. Der größte Teil (63%) übt das Ehrenamt mindestens einmal pro Woche aus. Knapp ein Viertel geht mindestens einmal im Monat der Beschäftigung nach. Häufigeres oder gelegentliches Engagement ist eher selten.

Tabelle 9: Häufigkeit des ehrenamtlichen Engagements (2)

Häufigkeit des ehrenamtlichen Engagements	Männer (%)	Frauen (%)	Basis (absolut)
Täglich	50,0	50,0	14
mind. 1x Woche	29,5	70,5	129
mind. 1x Monat	50,0	50,0	44
seltener	83,3	16,7	12
Durchschnitt	38,7	61,3	199

Unterscheidet man die häufigsten Antworten nach Männern und Frauen, zeigt sich, daß unter den wöchentlich ehrenamtlich Aktiven der Anteil der Frauen höher ist als in der Grundgesamtheit aller Aktiven. Umgekehrt ist bei den Personen, die (mindestens) einmal im Monat ihr „Amt ausüben", der Anteil der Männer höher, d. h. es haben genauso viele Männer wie Frauen (50%) angegeben, mindestens einmal im Monat ehrenamtlich aktiv zu sei, wogegen insgesamt der Anteil der Frauen 61% beträgt. Auf Grund der hier geringen Fallzahl (n=44) sind diese Unterschiede hier nicht allzu stark zu bewerten.

Graphik zu Tabelle 9

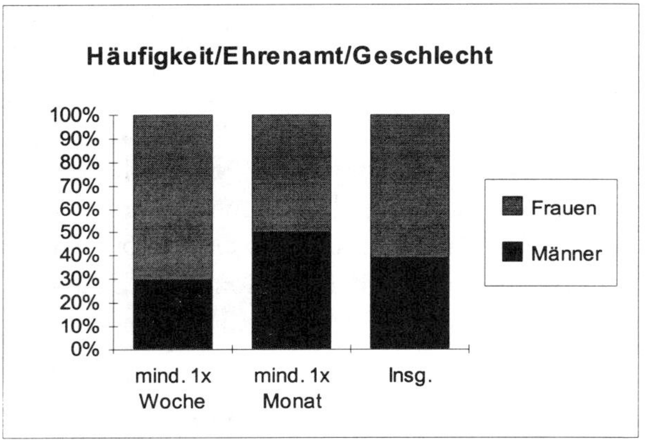

Zusammenfassung

Der Fragebogen wurde von 522 Personen beantwortet; dies entspricht einer Rücklaufquote von knapp 50 Prozent. 60% der Antwortenden waren Frauen. Nach Altersgruppen unterschieden sind etwas mehr als 50% zwischen 61 und 70 Jahren alt. Dabei zeigte sich, daß in der Gruppe der 66-70jährigen der Anteil der Männer überdurchschnittlich hoch ist. Er liegt hier bei 54%, gegenüber 40% im Durchschnitt. Überdurchschnittlich hohe Anteile an Frauen waren vorwiegend in den insgesamt geringer vertretenen Altersgruppen der bis 55jährigen festzustellen.

Von den Antwortenden haben 39% angegeben, ehrenamtlich tätig zu sein. Die Bereiche des ehrenamtlichen Engagements konzentrieren sich auf Institutionen und Vereine, die sozialen Zwecken dienen oder kulturelle Ziele verfolgen, sowie auf Vereine, in denen den eigenen Interessen nachgegangen werden kann. Parteien, Verbände oder Selbsthilfegruppen wurden von den Antwortenden kaum als Bereiche ihres ehrenamtlichen Engagements genannt. Höhere Anteile von Frauen waren beim ehrenamtlichen Engagement für soziale Zwecke festzustellen.

Die ehrenamtliche Tätigkeit wird vorwiegend regelmäßig einmal in der Woche ausgeübt. Auch hier sind die Frauen überdurchschnittlich vertreten, wogegen bei den gelegentlichen ehrenamtlichen Aktivitäten (einmal im Monat oder seltener) Männer stärker präsent sind. Berücksichtigt man, daß Männer häufiger in Parteien und berufspolitischen Verbänden aktiv sind, zeigt sich das traditionelle Geschlechterverhältnis: Männer sind stärker gelegentlich, aber politisch aktiv, Frauen häufiger regelmäßig, aber stärker in sozialen oder kulturellen Interessenszusammenhängen ehrenamtlich engagiert. Diese Zusammenhänge deuten sich aber nur an, da die zum Teil geringen Fallzahlen keinen statistischen „Beweis“ zulassen.

Unter den ehrenamtlich Aktiven zeigt sich ein nach Altersgruppen unterschiedliches Bild: Die Anteile der ehrenamtlich Aktiven schwanken in den hauptsächlich vertretenen Altersgruppen von 56 bis 75 Jahren zwischen 33%-49%. Unterscheidet man die *ehrenamtlich Aktiven* nach Altersgruppen *und* Geschlecht, zeigen sich bei Personen bis 60 Jahren hohe Anteile an Frauen, dagegen bei den 66-70jährigen hohe Anteile an Männern. Dies bedeutet: hier wiederholt sich die Verteilung der Befragten aus der Grundgesamtheit (unterschieden nach Alter und Geschlecht), so daß dies *nicht* dahin interpretiert werden kann, daß es sich hier ein für das ehrenamtliche Engagement typisches Ungleichgewicht zwischen Männern und Frauen handelt.

Nachfolgend wird darzustellen sein, wieweit sich signifikante Relationen zwischen ehrenamtlichen Tätigkeiten und Studienwünschen wie Studienverhalten von Älteren ergeben.

II. 2. Die Studieninteressen der Hörerinnen und Hörer der U3L

Ausgangslage

Zu dem Thema: „Soziale Beziehungen im Bildungsprozeß älterer Menschen“ wurde unter der Leitung von Frau Dr. Brunhilde Arnold im Sommersemester 1994 eine schriftliche Befragung unter den Studierenden der Universität durchgeführt. Die Ergebnisse dieser Studie liegen bereits vor. Frau Dr. Arnold stellte freundlicherweise den Datensatz ihrer Befragung für eine Teilauswertung im Rahmen der Fragestellungen des hier beschriebenen Projektes zur Verfügung. Somit wurde es möglich, einige aus dem umfangreichen Fragebogen hervorgegangene Daten zusätzlich auszuwerten. Dabei war von besonderem Interesse zu erfahren:

- Welche Motive haben die Studierenden der U3L?
- Unterscheiden sich die Motive nach Männern und Frauen?
- Gibt es Unterschiede in den Motiven zwischen Studierenden an der U3L, die ehrenamtlich tätig sind, und Studierenden, die kein Ehrenamt ausüben?

Neben der Frage nach den Motiven war auch interessant zu wissen: Zeigen sich bei der Wahl der Studienschwerpunkte Unterschiede einerseits zwischen Männern und Frauen und andererseits zwischen ehrenamtlich Engagierten und Studierenden, die kein Ehrenamt ausüben?

Motive der Studierenden

Den 682 Antwortenden dieser Befragung, über die hier berichtet werden kann, wurde u.a. die Frage gestellt: „Was macht für Sie die U3L / Universität interessant?“. Zur Beantwortung wurden sechs unterschiedliche Motive (und die Möglichkeit andere Gründe anzugeben) angeboten, von denen drei ausgewählt und in eine Reihenfolge gebracht werden sollten (Ranking von 1 bis 3).

Tabelle 10: Motive

Motiv (Reihenfolge nach Häufigkeit)	**Häufigkeit der Nennung**
• Die Möglichkeit zur Weiterbildung	349
• Kennenlernen interessenverwandter Menschen	137
• Der Dialog zwischen den Generationen	119
• Erfahrungen durch die Zugehörigkeit zur Universität	111
• Die kommunikativen Möglichkeiten	98
• Persönliche Anerkennung und Weiterentwicklung	92

Die Vorgabe, die zutreffenden Antworten auszuwählen und zu gewichten, d.h. in eine Rangfolge zu bringen, macht es sinnvoll, das Antwortverhalten über einen Vergleich der Rang-Mittelwerte darzustellen. Bei der Interpretation des Ergebnisses ist zu beachten: je niedriger ein Rang-Mittelwert ist, desto höher ist der Anteil derer, die dieses Motiv mit „sehr wichtig“ angegeben haben. (Da die Standardabweichung, d.h. das Maß der Streuung der Angaben größtenteils identisch ist, wird auf die Wiedergabe dieses Wertes sowie auf einen Vergleich verzichtet).

Ergebnisse: Häufigkeit der Nennungen und Mittelwertsvergleich

Tabelle 11: Motive und Geschlecht

Motive	INSGESAMT	männl.	weibl.	Nennungen (absolut)
Weiterbildung	1,1	1,1	1,1	349
Kennenlernen	2,0	2,1	1,9	137
Generationendialog	2,0	2,1	1,9	119
Kommunikative Möglichkeiten	2,1	2,1	2,1	98
Persönl. Anerkennung	2,0	2,2	1,9	92
Erfahrungen durch Zugehörigkeit Universit.	2,3	2,3	2,3	111

Tabelle 12: Motive und Ehrenamt

Motive	INSGESAMT	Ehrenamt	Kein Ehrenamt	Nennungen (absolut)
Weiterbildung	1,1	1,1	1,1	349
Kennenlernen	2,0	1,8	2,1	137
Generationendialog	2,0	2,0	2,1	119
Kommunikative Möglichkeiten	2,1	2,0	2,2	98
Persönl. Anerkennung	2,0	1,9	2,1	92
Erfahrungen durch Zugehörigkeit Universit.	2,3	2,3	2,6	111

„Die Möglichkeit zur Weiterbildung" wurde insgesamt am häufigsten und zugleich von allen Befragten als das „sehr wichtig (=1)" angesehen (Mittelwert 1,1). Dabei zeigen sich zwischen den einzelnen Gruppen keine Unterschiede.

Dies bedeutet, „Möglichkeiten zur Weiterbildung" sind für alle Antwortenden unabhängig vom Geschlecht oder ehrenamtlichen Engagement sehr wichtig.

„Wichtig (=2)" waren die Motive: „Kennenlernen interessenverwandter Menschen", „der Dialog zwischen den Generationen", die „kommunikativen Möglichkeiten" sowie die „Persönliche Anerkennung und Weiterentwicklung". Diese Nennungen wurden insgesamt nahezu gleichhäufig genannt und als „wichtig" (= Rangziffer 2) beurteilt. Von der Bedeutung her sind diese Motive alle auf der kommunikativen Ebene angesiedelt, was die Ähnlichkeit in der Auswahl und Beurteilung erklärt.

Innerhalb dieser Gruppe der kommunikativen Motive hat das explizite Argument „die kommunikativen Möglichkeiten" die geringste Bewertung erfahren, (Mittelwert: 2,1 bei 98 Nennungen), was an der allgemeinen Begrifflichkeit liegen kann. Männer und Frauen unterscheiden sich nicht in der Bewertung dieses Arguments, ehrenamtlich Tätige haben diesen Punkt noch eher als „wichtig" (=2) benannt als Antwortende, die kein Ehrenamt ausüben.

Das Motiv: „Kennenlernen Interessenverwandter Menschen" wurde von Frauen und von ehrenamtlich Aktiven stärker bewertet als von Männern und ehrenamtlich Nicht-Aktiven.

Bei dem Motiv: „Dialog zwischen den Generationen" zeigt sich ein ähnliches Muster: es wurde eher von Frauen und ehrenamtlich Aktiven als wichtig bewertet als von Männern und Antwortenden, die ehrenamtlich nicht aktiv sind. Gleiches gilt für die Angabe: „Persönliche Anerkennung und Weiterentwicklung".

Die Kategorie: „Erfahrungen durch die Zugehörigkeit zur Universität" wurde 111 mal genannt, aber die Wichtigkeit geringer eingeschätzt, als die Gruppe der kommunikativen Motive. Der Rang-Mittelwert liegt bei 2,3. Männer und Frauen haben dieses Motiv als gleich relevant eingestuft. Unterschiede zeigen sich zwischen ehrenamtlich Aktiven und Antwortenden, die kein Ehrenamt ausüben. Für die letztere Gruppe hat das Motiv: „Erfahrungen durch die Zugehörigkeit zur Universität" noch geringere Bedeutung (Rang-Mittelwert: 2,6).

Studienschwerpunkte

Neben der Beantwortung der Frage: „Was macht für Sie die U3L / Universität interessant?" wurden die Befragten auch gebeten anzugeben, wo ihr „Studienschwerpunkt innerhalb der U3L" liegt. Zur Auswahl standen fünf Bereiche, analog zur Strukturierung des Angebots im Vorlesungsverzeichnis der U3L, von denen zwei Studienschwerpunkte angegeben werden sollten:

- Einführungs- und Orientierungsveranstaltungen
- Soziale Gerontologie
- Der Sozialen Gerontologie verwandte Gebiete
- Zusatzangebote
- Arbeitsgruppen von Studierenden

Tabelle 13: Studienschwerpunkte (1)

Studienschwerpunkt (zwei Nennungen % der Antworten)	Antworten	% der Antworten
Einführungsveranstaltungen	133	9,8
Soziale Gerontologie	116	8,5
Verwandte Gebiete	188	13,8
Zusatzangebote	317	23,2
Arbeitsgruppen	73	5,4
Antworten insgesamt	1364	100
keine Antwort	537	39,4

Tabelle 14: Studienschwerpunkte (2)

Studienschwerpunkt zwei Nennungen % der Antworten	männl. (%)	weibl. (%)	Ehrenamt (%)	Kein Ehrenamt (%)
keine Antwort	39,5	60,5	43	54,4
Einführ.veranstaltungen	48,1	51,9	48,9	50,4
Soziale Gerontologie	37,9	62,1	50,9	47,4
Verwandte Gebiete	32,4	67,6	45,7	52,7
Zusatzangebote	36,6	63,4	46,7	50,8
Arbeitsgruppen	34,2	65,8	50,7	49,3
Durchschnitt	38,3	61,7	45,9	52,1

Insgesamt gab es 1364 Befragungen (100%), von denen 537 (=39%) keine Antwort gegeben haben.

Am häufigsten wurden Zusatzangebote als Studienschwerpunkt innerhalb der U3L genannt. Unter der Rubrik *Zusatzangebote* sind im Studienprogramm diejenigen Angebote zusammengefaßt, die aufgrund besonderer Interessen der älteren Studierenden angeboten werden (z.B. historische, kunsthistorische, philosophische Themenbereiche), aber keinen gerontologischen Bezug haben. Hier zeigen sich kaum Unterschiede in der Wahl des Schwerpunktes bei Männern/Frauen bzw. ehrenamtlich Aktiven und Studierenden ohne ehrenamtliches Engagement.

Die unter der Rubrik *Verwandte Gebiete,* womit der Gerontologie verwandte Themenbereiche gemeint sind, im Vorlesungsverzeichnis angebotenen Veranstaltungen wurden an nächster Stelle genannt. Bei diesen Antworten war der Anteil der Frauen höher als bei allen Antworten insgesamt (Durchschnitt). Keine Unterschiede zeigten sich danach, ob die in der Rubrik *Verwandte Gebiete* Antwortenden ehrenamtlich aktiv sind oder nicht.

Einführungsveranstaltungen und Angebote aus dem Bereich der *Sozialen Gerontologie* wurden nahezu gleich häufig genannt. (9,8%, bzw. 8,5%). Doch während im Bereich der „Sozialen Gerontologie" die Anteile von Männern und Frauen etwa dem Durchschnitt entsprechen, sind es bei den Einführungsveranstaltungen gegenüber dem Durchschnitt mehr Männer, die diesen Schwerpunkt angegeben haben. Ähnliche Unterschiede zeigen sich auch bei Personen, die ehrenamtlich aktiv sind, gegenüber Studierenden, die kein Ehrenamt ausüben. Der Schwerpunkt „Soziale Gerontologie" wurde von Personen, die ein Ehrenamt ausüben, stärker genannt als im Durchschnitt aller Nennungen dieser Personengruppe. Gleiches gilt in abgeschwächter Form für die Einführungsveranstaltungen.

Zusammenfassung

Vorwiegendes Motiv für ein Studium an der Universität des Dritten Lebensalters ist die „Möglichkeit zur Weiterbildung". An zweiter Stelle stehen kommunikative Motive, wie das „Kennenlernen interessenverwandter Menschen" oder das „Interesse am Dialog zwischen den Generationen". Bei dieser zweiten Hauptmotivgruppe zeigte sich, daß sie von Frauen stärker bewertet wurde als von Männern. Gleiches gilt für die Unterscheidung nach dem ehrenamtlichen Engagement. Studierende, die ehrenamtlich engagiert sind, haben diese Motivgruppe für sich als wichtiger eingeschätzt als Personen, die kein Ehrenamt ausüben.

Die Frage nach den Studienschwerpunkten innerhalb der U3L wurde von etwa 40 % der Befragten nicht beantwortet. Dies deutet darauf hin, daß die Zuordnung von Lehrveranstaltungen zu bestimmten Schwerpunkten für die Teilnehmerinnen und Teilnehmer nicht sehr relevant ist. Wenn Schwerpunkte genannt wurden, waren dies an erster und zweiter Stelle Angebote im Schwerpunkt „Zusatzangebote" und „Verwandte Gebiete". Dieses Antwortverhalten verstärkt den Eindruck, daß Lehrveranstaltungen eher nach Themen oder Personen als nach ihrer Zuordnung zu einem Studienschwerpunkt innerhalb der U3L ausgesucht werden.

Bei den am häufigsten genannten Studienschwerpunkten zeigten sich weder Unterschiede zwischen Männern und Frauen noch zwischen ehrenamtlich Aktiven und Studierenden, die kein Ehrenamt ausüben.

III. Die Forschungsseminare

Die Seminare waren zum einen aus dem Bedürfnis entstanden, die Studierenden der U3L in Überlegungen für ein Weiterbildungsangebot für ehrenamtlich Tätige einzubeziehen. Zum anderen sollten die Teilnehmerinnen und Teilnehmer an einem Forschungsprozeß zu diesem Thema beteiligt werden, der sich mit den Erkenntnismöglichkeiten, wie sie aus einer schriftlichen Befragung zu entnehmen sind, nicht zufrieden gibt.

III.1. Alltag in ehrenamtlichen Tätigkeiten

„Alltag in ehrenamtlichen Tätigkeiten der nachberuflichen Phase“ lautete der Seminartitel im Sommersemester 1995. Die Teilnahme der Studierenden war an die Bedingung geknüpft, bereits ehrenamtlich tätig zu sein. Es wurde die Aufgabe gestellt, zunächst die aus der Literatur bekannten Formen und Veränderungen ehrenamtlichen Engagements zu referieren. In einem zweiten Schritt sollten die in der behandelten Literatur gemachten Aussagen mit den Erfahrungen aus den ehrenamtlichen Aktivitäten der Teilnehmer des Seminars verglichen werden.

Damit wurde neben der Beschäftigung mit der einschlägigen Literatur, worauf hier nicht eingegangen wird, an die Seminarteilnehmerinnen und -teilnehmer der Anspruch formuliert, sich unter der sozialwissenschaftlichen Anleitung der Veranstalter selbst zu befragen.

Nach anfänglicher und immer wiederkehrender Abwehr und Diskreditierung der eigenen Erfahrungen (oder ihrer Überhöhung als „einzige Wahrheit“) gelang es, in Form einer Vorstellungsrunde zu einer ersten Bestandsaufnahme zu kommen. Zur Strukturierung der ersten Erzählungen wurde eine Liste erstellt, die die folgenden Angaben umfaßte:

- Bereiche der Tätigkeiten
- Anzahl der Tätigkeiten
- Dauer und Intensität des ehrenamtlichen Engagements
- Geschlecht des/der Berichtenden

Ergänzt wurde dies durch zwei offene Fragen nach einem erfreulichen und einem unerfreulichen Ereignis in der letzten Zeit im Zusammenhang mit der ehrenamtlichen Tätigkeit.

Von den Teilnehmerinnen und Teilnehmern wurden nach dem Ausfüllen der Beobachtungsbögen insbesondere die aus der schriftlichen Befragung vorgegebenen Kategorien der Bereiche, in denen das Engagement erfolgt (Politik, Berufsverband, Kultur, ...), diskutiert und problematisiert. Als Konsequenz daraus waren die Teilnehmerinnen und Teilnehmer aufgefordert, in den nächsten Wochen während ihrer ehrenamtlichen Tätigkeit ein Protokoll zu führen. Zur Strukturierung diente eine grobe Gliederung, nach der je nach ehrenamtlicher Aktivität folgende Angaben gemacht werden sollten:

Je ehrenamtlicher Aktivität

- Institution / Bereich
- 1. Tätigkeit — Beschreibung
- 2. Tätigkeit — Beschreibung
- weitere Tätigkeiten — Beschreibung
- Kooperationen / mit wem?
- Zufriedenheit
- andere Ehrenamtliche beteiligt?: — ja / nein
- Hauptamtliche beteiligt?: — ja / nein, Funktion
- wie zufrieden und warum?
- Alter / Geschlecht des/der Berichtenden

In den nachfolgenden Sitzungen wurden die jeweiligen persönlichen Protokolle gemeinsam nach der oben angegebene Struktur systematisiert. Die Erzählungen wurden mit dem Ziel gesammelt, eine genauere Bestimmung der Art und der Qualität der ehrenamtlichen Aktivitäten zu erreichen.

Dabei war von besonderer Wichtigkeit, daß das gemeinsam mit allen Seminarteilnehmern erfolgte und der/die Erzählende die Verfügungsgewalt über „seine Geschichte“ behielt. Des weiteren wurde deutlich, wie verwoben manche Beschreibungen waren und welche Arbeit das Zerlegen eines Berichtes in einzelne, später analysierbare Erzählungen bedeutet.

Die im dem ersten Schema protokollierten Erzählungen wurden nun von den Veranstaltern geordnet.

Eine erstes Bild ergab sich aus der Aufteilung der Tätigkeiten nach
- dem Geschlecht
- den Bereichen
- dem Umfang und
- der Häufigkeit

Dabei zeigte sich, daß in der Gruppe acht Frauen und ein Mann über ihr ehrenamtliches Engagement Protokoll geführt hatten. Das Engagement beschränkte sich nicht auf einen Bereich. Es wurden 16 Tätigkeiten protokolliert, die sich auf die Bereiche Kultur, Soziales, Computer und Sonstiges aufteilten.

Bereiche des ehrenamtlichen Engagements
der Seminarteilnehmerinnen und Teilnehmer

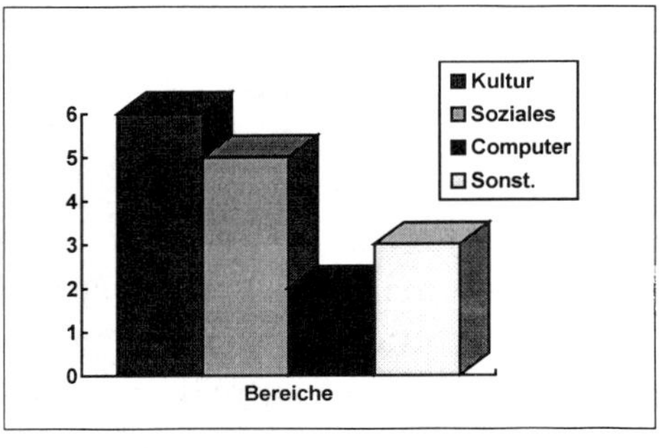

Es wurden nahezu ebenso häufig von den Personen nicht nur eine, sondern auch mehrere verschiedene Tätigkeiten im Beobachtungszeitraum ausgeübt. Dabei waren Tätigkeiten, die einmal die Woche wahrgenommen wurden, ebenso vertreten wie seltenere Engagements, die unregelmäßig anfielen.

Im nächsten Schritt wurden die Tätigkeiten, so wie sie von den Ausführenden beschrieben wurden, systematisiert.

Es zeigte sich, daß die Art der ehrenamtlichen Aktivitäten in vier Gruppen eingeteilt werden konnte:

- Beziehung
- Dienstleistung
- Leitung
- Interessenvertretung

Unter Beziehungsarbeit wurden all jene Tätigkeiten subsumiert, die einen persönlichen Kontakt voraussetzten. Als Dienstleistung wurden demgegenüber Engagements bezeichnet, die nicht unbedingt ein persönliches Kennen zur Voraussetzung hatten. Leitungsaufgaben waren solche, in denen das ehrenamtliche Engagement mit Weisungs- und Entscheidungsbefugnissen verbunden war. Interessenvertretung bezog sich auf solche Aktivitäten, bei denen die Institution für die der/die Ehrenamtliche tätig ist, nach außen vertreten wurde (z.B. Teilnahme an einer Podiumsdiskussion).

Im folgenden wurden die Beschreibungen nach Tätigkeiten und Geschlecht neu geordnet. Diese Einteilung erfolgte wiederum in Zusammenarbeit mit den Teilnehmerinnen und Teilnehmern.

Das Ergebnis bestand in einer differenzierten Beschreibung des ehrenamtlichen Engagements Älterer, wobei deutlich wurde, daß zum einen teilweise sehr qualifizierte Tätigkeiten ausgeübt werden, zum anderen - und das mag typisch für die Zusammensetzung des Seminars gewesen sein - sich eine geschlechtsspezifische Arbeitsteilung, wie sie oft beschrieben wird zwischen politischen Ehrenämtern bei Männern und sozialen/kulturellen Ehrenämtern bei Frauen, hier nicht nachweisen ließ.

Bereich der ehrenamtlichen Tätigkeit	Tätigkeitsberichte von Frauen		Tätigkeitsberichte von Männern	
	1. Tätigkeit (Nr. der Berichte)	2. und weitere Tätigkeit (Nr. der Berichte)	1. Tätigkeit (Nr. der Berichte)	2. und weitere Tätigkeit (Nr. der Berichte)
Beziehung	Gespräch (1) Telefonanruf (2) Gespräch(9)	Gespräch (1) Kandidatengespräch (Seniorenbeirat)(2) Gespräch (3) Vorlesen (1)		EDV-Programm-einführung (13) Nachbarschaftshilfe (18) Betreuung (16)
Dienstleistung	Mitarbeit (10) Buchhaltung (12) Mädchen für Alles (15) Fotografieren (17)	Bericht erstellen (6) Infoweitergabe (9) Kassieren (15) „Basteln“ (15) Weiterbildung (15) Kontakt Geschäfts-zimmer (2) Resümee erstellen (7)	Organisation (4) Programmtechn. Unter-stützung (8) Software (13) Seniorencafe (16) Nachbarschaftshilfe (18)	Eintüten von Einladungen (11) Seniorencafe (16)
Leitung	Durchführung Malkurs (3) Beirat (6) Rechnungswesen (5)	Schecks unterschreiben (5)		
Interessenvertretung	Seniorenarbeit (7) Podiumsdiskussion (14)	Gespräch Bürgermeister (7)	Seniorenbeirat (11)	

Für das folgende Wintersemester (1995/96) wurde das Seminar als „Theoriegeleitetes Forschungsseminar“ neu angeboten. Angekündigtes Ziel der Veranstaltung war es, zunächst Antworten und Forschungsergebnisse verschiedener Wissenschaftsdisziplinen vorzustellen und zu diskutieren, um dann auf der Grundlage der eigenen Erfahrungen nach dem Zusammenhang von ehrenamtlichem Engagement und wissenschaftlicher Weiterbildung zu fragen.

Die Idee war, daß die Seminarteilnehmer Subjekt und Objekt der Forschung werden. Daraus entstand das Konzept eines gestuften Vorgehens:

- Selbstbefragung und Analyse über die Art und den Umfang des ehrenamtlichen Engagements mittels Tagebüchern,
- Spätere Hypothesenbildung und Überprüfung anhand von leitfadengestützten Interviews, die zunächst auch innerhalb der Studiengruppe ausprobiert und dann mit anderen ehrenamtlich Aktiven, die keine Seminarteilnehmer sind, durchgeführt werden sollten.

Diese Konzeption verlangte unter anderem die kontinuierliche Teilnahme und ein Mit-Tragen des Forschungsprozesses, aus dessen Dynamik heraus sich das weitere Vorgehen entwickelt. Die Teilnehmerinnen und Teilnehmer waren mit folgenden Erwartungen konfrontiert:

- Persönliches Interesse an der Fragestellung
- Öffentlichmachen der eigenen „Erfahrungen“ (Tagebuch)
- Abstraktion von eigener Betroffenheit hin zu einer forschungsrelevanten Fragestellung
- Konfrontation mit den Möglichkeiten der Konzeptualisierung und Einsicht in die Beschränkungen in Hinblick auf einen Erkenntnisgewinn, der allenfalls noch mittelbar mit der eigenen Betroffenheit zu tun hat.
- Hohes zeitliches Engagement, auch außerhalb der Seminarstunden
- Kontinuierliche Teilnahme und ein hoher Grad der Verbindlichkeit untereinander

Diese Liste erhebt keinen Anspruch auf Vollständigkeit, sondern vermittelt einen Eindruck der Erwartungen, die an die Seminarteilnehmer gestellt wurden. Es läßt sich leicht prognostizieren, daß ein derartiger Erwartungsdruck zu Widerständen in der Gruppe der Studierenden führen muß, und es läßt sich fragen, ob es gerechtfertigt ist, mit derartigen Vorstellungen an eine Lehrveranstaltung heranzugehen. Diese Überlegungen werden wieder aufzunehmen sein.

III. 2. Theoriegeleitetes Forschungsseminar

Die Gruppe der Studierenden, die sich aufgrund der neuen Ausschreibung für das Wintersemester zusammengefunden hatte, war nicht vollkommen identisch mit den Studierenden des vorangegangenen Semesters. So mußten die ersten Seminarstunden dafür genutzt werden, in die Fragestellungen und in das Vorgehen des Forschungsseminars einzuführen. Zentral waren nun Fragen nach der Qualifizierung für ehrenamtliche Tätigkeiten, nach deren lebensgeschichtlicher Verankerung und nach der Rolle, die ein Studium im Alter eventuell in diesem Zusammenhang spielt oder spielen könnte - Fragen, die mittels Interviews gestellt und erforscht werden sollten.

In der Anfangsphase - aber auch im Verlauf des Seminars - wurden folgende Fragen und Interessen der Seminarteilnehmerinnen und -teilnehmer deutlich, die ein recht breites Interessenspektrum, das die Thematik weckt, anzeigen:

- Es wird deutlich beobachtet, daß der Begriff „Ehrenamt" bzw. die Tätigkeiten selbst sich in einer Umbruch- und Neudefinitionsphase befinden; immer wieder wurden Definitionsfragen gestellt, da die Teilnehmer offenbar spürten, daß der tradierte Begriff nicht die notwendige Reichweite besitzt.

- Hingewiesen wird auf die Ambivalenz, die dem freiwilligen ehrenamtlichen Engagement innewohnt. Einerseits eröffnet es Chancen zu persönlich sinnvollem Tun bis hin zur Selbstverwirklichung und Emanzipation, andererseits birgt es die Gefahr von „Ausgenutztwerden".

- Ein weiteres Problem wird darin gesehen, daß Ehrenamtliche qua Erfahrung und persönlichen Merkmalen manchmal in der Lage sein können, quasi „ganzheitlicher" in bestimmten Anforderungssituationen zu reagieren. Oft haben sie auch einfach mehr Zeit als die hauptamtlich Beschäftigten. Möglicherweise entsteht dadurch eine Konkurrenzsituation zwischen ehrenamtlichen und hauptamtlichen Kräften.

- Ein weiterer wesentlicher Diskussionspunkt war die „Krise der Arbeitsgesellschaft" und der Stellenwert des ehrenamtlichen Engagements im Verhältnis zu Arbeit bzw. auch zu Verpflichtungsleistungen des Staates.

- Nicht zuletzt wurde von einigen Seminarteilnehmerinnen und Teilnehmern geschildert, daß sie selbst nach Orientierung für eigene potentielle oder auch bereits bestehende ehrenamtliche Tätigkeit suchen.

In einem kurzen geschichtlichen Rückblick wurde auf einige dieser Gedanken Bezug genommen, indem durch die Auswahl eines Textes zur Entwicklung des sozialen Ehrenamtes (Wessels 1994) gerade die sozialpolitische Dimension und die Spannungsfelder von selbstlosem Einsatz für andere und Emanzipation von Qualifizierung und Professionalisierung vertieft wurden.

Im Fortgang des Seminars war es für die Teilnehmenden manchmal unbefriedigend, sich auf die ganz engen Forschungsfragen zu beschränken und andere Aspekte beiseite lassen zu müssen. Von Seiten der Seminarleitung wurde insoweit darauf eingegangen, als nach Möglichkeiten gesucht wurde, diese anderen Aspekte zu sammeln, damit sie zu einem späteren Zeitpunkt (eventuell in einem Folgeseminar) bearbeitet werden können. Das Führen eines Seminartagebuchs oder persönlichen Protokolls der eigenen Fragen und Ideen wurde vorgeschlagen.

Erstellung eines Interviewleitfadens

Die zentrale Aufgabe im Seminar war, einen Interviewleitfaden für eine Befragung von ehrenamtlich Aktiven über den Zeitpunkt und die Umstände der Aufnahme ihrer Tätigkeit und Fragen der Qualifizierung zu erstellen, diese Befragung durchzuführen und anschließend auszuwerten.

Die Erstellung des Interviewleitfadens gestaltete sich als ein sehr dynamischer Prozeß. Zum einen bedeutet das die Festlegung auf eine bestimmte Arbeitsweise, zum anderen wurden dadurch Verbindlichkeiten hergestellt, die einzugehen nicht unbedingt das Ziel aller Seminarteilnehmerinnen und -teilnehmer gewesen sein muß.

Der Prozeß der Festlegungen erfolgte in mehreren Phasen: Zunächst wurde eine forschungspraktische Definition des Begriffs „ehrenamtliche Tätigkeit" erarbeitet. Hierfür diente ein Forschungsbericht zum selben Thema als Orientierung (vgl. Kohli 1993). Nach umfangreicher Diskussion wurde folgende, vorläufige Definition gemeinsam festgelegt: „Ehrenamtliche Tätigkeit" ist eine Tätigkeit, die

- freiwillig, unbezahlt und regelmäßig in einer institutionalisierten Funktion ausgeübt wird und
- unabhängig von persönlichen Kontakten in Anspruch genommen werden kann.

Damit waren alle Tätigkeiten, die in der „Grauzone" von nachbarschaftlichen Hilfeleistungen und / oder Tätigkeiten aufgrund persönlicher Sympathie oder im Bereich von „Gefälligkeitsleistungen" angesiedelt sind, von der weiteren Untersuchung ausgeschlossen.

Das bedeutete zugleich einerseits eine Einschränkung möglicher Interviewpartner; denn diese mußten nach der nun erfolgten Definition ehrenamtlich tätig sein, andererseits aber auch die Chance, zielgenauer potentielle Interviewpartner ansprechen zu können.

Die Entwicklung des Interviewleitfadens erfolgte nach einer Konkretisierung der Fragestellung in zwei Schritten: 1. Sammlung von „unabdingbaren Grundinformationen“, die über die befragte Person ermittelt werden müssen, und 2. Formulierung der eigentlichen Interviewfragen.

Besonders der erste Schritt nahm unerwartet viel Zeit in Anspruch. Es wurde deutlich, daß die Gruppe nicht auf ein bekanntes Setting zurückgreifen kann (wie dies Forscher in der Regel tun), sondern daß jeder Punkt einzeln überlegt werden muß. Der Prozeß war begleitet von langen und auch emotionalen Diskussionen, die einerseits so etwas wie Forschungsethik, andererseits die Reichweite der Ergebnisse hinterfragten. Es wurden auch mutmaßend verschiedene mögliche psychologische Szenarios für potentielle Interviewpartner entworfen.

Schließlich wurde der folgende Interviewleitfaden gemeinsam beschlossen:

Interviewleitfaden

- Fragen zu Art und Zugang des Engagements

  Üben Sie eine ehrenamtliche Tätigkeit aus oder nehmen sie regelmäßig freiwillig unbezahlte Aufgaben wahr?
  Wie sieht diese Tätigkeit / sehen diese Aufgaben aus? Wo wird/werden sie ausgeübt?
  Wie sind Sie dazu gekommen?

- Fragen zur Qualifikation

  Was muß man können, um diese Tätigkeit ausüben zu können?
  Wie und wo wurde was gelernt?
  Wurden bestimmte Fähigkeiten/Kenntnisse erwartet, vorausgesetzt?

- Unabdingbare Informationen

  - Alter /Jahre
  - Geschlecht
  - Lebenssituation (allein, Partnerschaft, Kinder, ...)
  - Wohnsituation (allein, Partnerschaft, Kinder, ...)
  - Berufsweg (Ausbildung / Weiterbildungen)
  - Bildungsweg (Schule, Weiterbildungen)
  - Finanzielle Absicherung - ausreichend empfunden? (ja/nein)
  - Wohnort
  - z.Z. berufstätig, ja/nein

Die anstehende „Weihnachtspause“ wurde von den Teilnehmern dazu genutzt, ein oder zwei Probeinterviews zu machen und Möglichkeiten der Dokumentation auszuprobieren. Von der Seminarleitung wurde vorgeschlagen, auf Tonbandaufzeichnungen zu verzichten. Statt dessen wurde die Empfehlung ausgesprochen, während des Interviews Stichworte zu notieren und möglichst im unmittelbaren Anschluß ein Ergebnisprotokoll zu erstellen, das - wie der Interviewleitfaden - themenzentriert gegliedert ist.

Die Erfahrungsberichte der Teilnehmerinnen und Teilnehmer über ihre Probeinterviews dienten in erster Linie dazu, Probleme mit dem Rollenverständnis des Interviewers/der Interviewerin / des Forschers/der Forscherin auszutauschen. Es wurde übereinstimmend festgestellt, daß es entgegen den Vorannahmen leichter ist, persönlich weniger oder nicht bekannte Personen zu befragen, als Personen, zu denen eine nähere Beziehung besteht. Im zweiten Fall war es zum einen schwer, die z.T. persönlichen „unabdingbaren Informationen“ abzufragen, zum anderen verhinderte das (vermeintliche) Wissen über den/die Andere, das Gespräch so weit zu führen, bis alle aus dem Leitfaden hervorgegangenen benötigten Informationen „eingeholt“ worden sind.

Ebenso war nicht mit den Rückfragen der Interviewten gerechnet worden, die eine Legitimierung des/der Fragestellers erwarteten. Das führte in einem Fall zum - von der Teilnehmerin für die Gruppe dokumentierten -

Abbruch des Interviews. Daraus entstand die Möglichkeit, das für die Durchführung von Interviews benötigte Selbstverständnis als Fragesteller zu diskutieren. Dabei wurde deutlich, daß nicht alle Studierenden bereit oder auch in der Lage waren, diesen Schritt von dem persönlichen Interesse zur „Professionalisierung“ zu gehen.

Dieses Problem wiederholte sich auch bei dem Versuch, für die Gruppe verbindliche Quoten für die Zusammensetzung der Interviewpartner festzulegen. Der Vorschlag der Seminarleitung bestand darin, daß jeder Teilnehmer vier Interviews durchführt. Die vier Interviewten sollten sich aus zwei Männern und zwei Frauen zusammensetzen, von denen jeweils eine Person über bzw. unter 50 Jahre alt sein sollte.

Im Seminarverlauf wurde deutlich, daß die Anforderung, eine vorgegebene Anzahl von Interviews mit nach bestimmten Kriterien ausgewählten Personen durchzuführen, nicht von allen erfüllt werden konnte. Dies führte dazu, daß der Anspruch aufgegeben wurde, eine bestimmte, nach bestimmten Quoten zusammengesetzte Anzahl von Interviews zu erhalten. Statt dessen stand es nun jedem Seminarteilnehmer offen, ob und mit wem er zukünftig Interviews machen wird. Darüber hinaus wurde nach zwei weiteren Seminarsitzungen eine Bestandsaufnahme der bisher vorliegenden Interviews vorgenommen. Diese Bestandsaufnahme beschränkte sich darauf, die schriftlich vorliegenden oder geplanten Interviews mit einer laufenden Nummer zu codieren sowie einige weitere Wiedererkennungsmerkmale wie Anfangsbuchstaben des Namens und der Art der ehrenamtlichen Tätigkeit aufzunehmen. Auch bei dieser Strukturierungsarbeit wurde deutlich, daß die Mehrheit der Seminarteilnehmer sich vornehmlich als „Lieferanten“ von Interviews definierten. Dies fand darin seinen Ausdruck, daß die verschrifteten Interviews zu Beginn der Stunde bei der Seminarleitung abgegeben wurden und erst durch mehrmaliges Hin- und Herreichen deutlich werden konnte, daß die Mitarbeit bei einem Forschungsprozeß gegenseitige Information erfordert, die nicht bei der Seminarleitung liegen bleiben darf.
Die Bestandsaufnahme ergab, daß Interviewpartner oftmals mehrere ehrenamtliche Tätigkeiten ausüben oder ausgeübt haben. Das in der Ge-

sprächssitutation zu notieren und die Erzählungen und Beschreibungen der Tätigkeiten auseinanderzuhalten, stellte sich für die Interviewer oftmals schwer dar. Die Seminarleitung reagierte darauf, indem die Bestandsaufnahme verfeinert wurde und die Interviews in Erzählungen/Berichte zerlegt wurden. Jedes beschriebene Ehrenamt stellte nun eine Interviewveinheit dar. Darüber entstanden weitere Kriterien der Beschreibung der berichteten ehrenamtlichen Tätigkeiten.

Die Bestandsaufnahme der Erzählungen

Selbstbeschreibung der ehrenamtlichen Tätigkeit und Grunddaten des/der Ausübenden:

Kriterium	**Erläuterungen**
Interviewnummer	laufende Nummer aller von der Gruppe durchgeführten Interviews
Tätigkeit	Selbstbeschreibung des Interviewten
Berufstätigkeit	ja / nein
Alter	
Geschlecht	
Finanzielle Absicherung vorhanden?	ja / nein
Lebenssitutation:	a) allein b) Partnersch. / Kinder
Wohnsituation	a) allein b) Partnerschaft / Kinder/ Wohngemeinschaft
Wohnort	
Bildungsweg	
Berufsweg	
Anzahl der ausgeübten „Ehrenämter“	

Diese Einteilung der Erzählungen nach der Selbstbeschreibung der Interviewten und den ergänzend dazu erhobenen Grunddaten gestaltete sich verhältnismäßig leicht. Aus der daraus möglich gewordenen Übersicht ergab sich zum einen, daß sich die Grunddaten der Erzählenden in einigen Punkten kaum unterscheiden. So war z.B. zu Beginn der Interviews seitens der Teilnehmer sehr großer Wert auf die Unterscheidung zwischen Lebens- und Wohnsituation gelegt worden (Stichwort: Individualisierung, Pluralisierung der Lebensformen). Die Bestandsaufnahme ergab, daß bei den Befragten die Angaben zur Lebens- und Wohnform meist identisch waren. Dies bedeutet, daß hier eher traditionelle Formen des Zusammenlebens in einer Lebens- und Wohngemeinschaft vorherrschten.

Nach der Lektüre aller Erzählungen entwickelte Kategorien

Neben diesen Grunddaten wurden einige interpretierende Kategorien eingeführt. Diese lassen sich differenzieren in Kategorien in Hinblick auf die Person des/der ehrenamtlich Tätigen und auf Unterscheidungen über die Art des Ehrenamtes.

Kategorien in Hinblick auf die Person des/der ehrenamtlich Tätigen

- Eine Kategorie fragte danach, ob der Zugang zum Ehrenamt aktiv oder passiv erfolgte. Es sollte unterschieden werden, ob der/die Befragte sich selber um eine ehrenamtliche Tätigkeit bemüht hat („aktiv"), oder aber angesprochen, aufgefordert oder gar verpflichtet worden ist („passiv").

- Eine zweite Unterscheidung bezog sich auf den Zugang zum ausgeübten Ehrenamt. Hierbei wurde nach Zugängen über die persönliche Qualifikation und nach Zugängen über soziale Kontakte differenziert. Das leitende Erkenntnisinteresse bestand darin, ehrenamtliche Tätigkeiten, die bestimmte Qualifikationen bereits voraussetzen, zu unterscheiden von Aktivitäten, die auf Grund sozialer Bezüge aufgenommen werden, wobei im Rahmen ihrer Ausübung dann möglicherweise eine weitere Qualifizierung erfolgt.

- Damit einher ging die Unterscheidung danach, ob die Aufnahme einer ehrenamtlichen Tätigkeit im Rahmen eines ohnehin bestehenden persönlichen oder beruflichen Engagements stattfindet („Kontinuität“) oder ob es sich bei dem Engagement des/der Erzählenden um einen (versuchten) „Neuanfang“ , eine neue Lebensphase handelt („Bruch“).

Unterscheidungen über die Art des Ehrenamtes

- Zunächst wurde versucht zu ermitteln, ob es sich bei der Erzählung um ein „traditionelles“ oder ein „neues“ Ehrenamt handelt. Bei der Bestimmung der Kriterien konnte auf umfangreiche Literatur zurückgegriffen werden (vgl. Voigt 1987), wonach das Engagement für traditionelle, meist in Institutionen organisierte Ehrenämter zwar zurückgeht, dafür aber ein bürgerschaftliches Engagement in neuen, selbstorganisierten Ehrenämtern erfolgt. Letzteres Engagement ist meist durch eine zunächst persönliche Betroffenheit/Unzufriedenheit motiviert (Stichwort: Selbsthilfegruppe), woraus dann ein neues, über den eigenen persönlichen Bereich hinausreichendes Engagement erwächst.

- Damit ist bereits die zweite Unterscheidung angesprochen: Wo findet das Engagement statt: in einer bestehenden, traditionellen Institution oder in einer selbstorganisierten Einrichtung? Dabei muß es nicht immer so sein, daß „neue“ Ehrenämter ausschließlich in selbstorganisierten Einrichtungen ausgeübt werden. Oft gelingt es auch, ein neugeschaffenes ehrenamtliches Engagement bei bestehenden Organisationen zu institutionalisieren.

Weitere Unterscheidungen

Ursprünglich war daran gedacht, die Erzählungen auch danach zu unterscheiden, welche Qualifikationen von den ehrenamtlich Tätigen bei ihrem Engagement eingebracht und welche Qualifikationen von ihnen erwartet wurden. Hintergrund war die Frage, ob es bei den ehrenamtlich Engagierten eine Qualifikationslücke gibt bzw. gegeben hat und ob und wie diese behoben worden ist.

Im Interviewleitfaden waren ausdrücklich auch Fragen zur Qualifikation aufgenommen worden. Es zeigt sich aber, daß die Antworten hierzu sich nicht in eine formalisierte Bestandsaufnahme bringen ließen. Daher wurde zunächst darauf verzichtet, Aussagen zur Qualifikation aufzunehmen. Später stellte sich heraus, daß die Arbeit mit den bisher verwendeten Kategorien bei allen Beteiligten bereits an die Grenzen ihres Engagement führten, so daß im Seminarverlauf auf eine weitere Bearbeitung des Qualifikationsthemas verzichtet wurde.

Übersicht der Interviews nach Kategorien

Interview-Nummer	**Tätigkeit**	**traditionelles / neues Ehrenamt (T/N)**	**Selbstorganisiert / Institution (S/I)**	**Zugang: a) Qualifikation b) soziale Kontakte**	**Kontinuität / Bruch (K/B)**	**Berufstätig ja / nein**	**Alter**	**Sex (m/ w)**	**finanzielle Absicherung: ja/ nein**
1	Ortsgerichtsschöffe	T	I	a/b	K	nein	56	m	ja
2	Vors. Schützenverein	T	I	B	K	nein	56	m	ja
3	Leiter evang. Frauenkreis	N	S in I	B	B	ja	57	w	nein
4	Arbeitsrichter	T	I	b/a	K	ja	49	m	ja
5	Kath. Frauenarbeit	T	I	B	B	nein	67	w	ja
6	Ortsbeirat	T	I	B	B	nein	72	w	ja

Lebens-situation: a)allein b) Partnersch./ Kinder	**Wohn-situation: a) allein b) Partnerschaft / Kinder/ Wohngem.**	**Wohnort**	**Bildungsweg**	**Berufsweg**	**Anzahl der ausgeübten "Ehrenämter"**	**Zugang aktiv / passiv (a/p)**
B	b	Usingen	Mittl. Reife, Maurerlehre, Studium Bauing.	Bauing. bei der Bundesbahn,Amtsrat	2	p
B	b	Usingen	Mittl. Reife, Maurerlehre, Studium Bauing.	Bauing. bei der Bundesbahn, Amtsrat	2	a
B	b	Usingen	Volksschule, Floristin, Lehre, berufliche Weiterbild.	Floristin, Familienarbeit, Floristin	2	a
b	b	Ffm	Mittl. Reife, Studium Elektroing.	Entwicklungsing. Betriebsrat	2	p
b	b	Steinbach/Ts	Abitur, kaufm. Ausbildung	Kaufm. Angestellte	1	a

Übersicht der Interviews nach Kategorien (Fortsetzung)

Interview-Nummer	**Tätigkeit**	**traditionelles / neues Ehrenamt (T/N)**	**Selbstorganisiert / Institution (S/I)**	**Zugang: a) Qualifikation b) soziale Kontakte**	**Kontinuität / Bruch (K/B)**	**Berufstätig ja / nein**	**Alter**	**Sex (m/ w)**	**finanzielle Absicherung: ja/ nein**
7	Pfarrgemeinderat	T	I	B	K	nein	62	m	ja
8	Parteidelegierter	T	I	b	K	nein	62	m	ja
9	Seniorenbeirat	N	I	b	K	nein	67	m	ja
10	Senioren-Werkstatt	N	I	b	K	nein	67	m	ja
11	städt. Heinzelmännchen	N	S/I	a	K	nein	63	m	ja
12	Rotes Kreuz	T / N	I	b	B	nein	61	w	ja
13	Schülerzeitung	N	S	a	K	nein	62	w	ja
14	Jugendarbeit	N	S / I	b / a	B	nein	62	m	ja
15	Frauenbeauftr. Ev. Kirche	N	I	b	B	ja	55	w	ja

a	a	Ffm	Abitur	Vorstands-sekretärin	2	p
Lebens-situation: a)allein b) Part-nersch./ Kinder	**Wohn-situation: a) allein b) Partner-schaft / Kinder/ Wohngem.**	**Wohnort**	**Bildungsweg**	**Berufsweg**	**Anzahl der ausge-übten "Eh-ren-ämter"**	**Zugang aktiv / passiv (a/p)**
b	b	Ffm	Volksschule, Fachschule	Maschinenbau-schlosser, Ing.	4+	a
b	b	Ffm	Volksschule, Fachschule	Maschinenbau-schlosser, Ing.	4+	p
b	b	Maintal	Volksschule, Schlosserlehre, Meisterprüfung	Monteur, Betriebs-leit., Geschäfts-führer, Selbständig	2	p
b	b	Maintal	Kein Schulab-schluß	Dekorationsmaler, Chemikant	1	a
b	b	Kelkheim	Mittl. Reife, Fachhochschule	Steuerberater	1	p
b	b	Kelkheim	Mittl. Reife, Bankangestellte	Bankangestellte	1	a
b	b	Wies-baden	Abitur	Dolmetscher, Büroleiterin	3	a
b	b	Wies-baden	Studium	Kaufmänn. Leiter	4	a
b	b	Frankfurt	Studium	Hochschullehrerin	2	-

III. 3. Interpretationen und Ergebnisse der Studierenden

Die Durchsicht und Bearbeitung der Erzählungen nach den gemeinsam entwickelten Kategorien übernahmen einzelne Studierende aus der Gruppe. Im folgenden werden exemplarisch zwei Arbeitsergebnisse vorgestellt. Dabei handelt es sich um eine kurze Beschreibung der Interviewpartnerinnen und -partner mit Hilfe der ermittelten biographischen Daten und um eine Interpretation der Interviews im Hinblick auf die Kategorie „Unterscheidung nach Kontinuität und Bruch". (Wiederholungen von Interviewpassagen sind in den beiden Ergebnissen unvermeidlich, da es sich um Auswertungsschritte derselben Interviews handelt.)

Thema: Biographien

bearbeitet von Herrn W. Markert

Interview Nr. 1
Herr N. ist 56 Jahre alt, verheiratet und hat zwei Kinder. Nach dem Schulabschluß und der Facharbeiterprüfung wurde ein Studium zum Bauingenieur absolviert. Im technischen Bereich der Deutschen Bundesbahn wurde Herr. N. Beamter. Wegen seiner beruflichen Qualifikation wurde Herr N. von seinen Parteifreunden gebeten, als Ortsgerichtsschöffe ein Ehrenamt anzunehmen. Seit 1995 ist Herr N. als Ortsgerichtsschöffe tätig für Schätzungen von Grundstücken, Häusern usw.
(Siehe auch Interview Nr. 2)

Interview Nr. 2
Herr N. ist 56 Jahre alt und hat zwei Kinder. Nach dem Schulabschluß und dem Facharbeiterabschluß wurde ein Studium zum Bauingenieur absolviert. Im technischen Bereich der Bundesbahn wurde Herr N. Beamter. Über sein Engagement im Schützenverein wurde Herr N. in den Vorstand als zweiter Vorsitzender gewählt. Über dieses Amt kann Herr N. in den Gauvorstand. Seit 1961 ist Herr N. für den Schützenverein ehrenamtlich tätig. (Siehe auch Interview Nr. 1)

Interview Nr. 3
Frau H. ist 57 Jahre alt und verheiratet. Nach Abschluß der Volksschule mit einer Ausbildung zur Floristin machte sie ein soziales Jahr in einem Altenheim. Durch ihr Engagement in der Kirche bildete sich daraus schnell ein Frauenkreis mit unterschiedlichen Aufgaben. Seit 1972 ist sie ehrenamtlich tätig.

Interview Nr. 4
Herr S. ist 49 Jahre alt, verheiratet und hat ein Kind. Nach Abschluß der Mittelschule, einer Lehre und eines Fachhochschulstudiums wurde Herr S. in einer größeren Firma angestellt. Durch sein Engagement als Betriebsrat seit 1990 wurde er von der Gewerkschaft für das Engagement als Arbeitsrichter vorgeschlagen und ist seit 1994 als Arbeitsrichter tätig.

Interview Nr. 5
Frau D. ist 66 Jahre alt und hat ein Kind. Nach dem Schulabschluß mit Abitur war sie im kaufmännischen Bereich eines Konzerns tätig. Schon während ihrer Berufszeit wurde sie in der Kirchengemeinde und in einer Sozialstation ehrenamtlich tätig. Nach Ende des Berufslebens kamen neue Aufgaben in der Erwachsenenbildung hinzu.

Interview Nr. 6
Frau B. ist 72 Jahre alt und hat ein Kind. Nach dem Abitur konnte sie ihr geplantes Medizinstudium durch den Krieg nicht aufnehmen. In verschiedenen Tätigkeiten, zum Beispiel im Auswärtigen Amt und einer Arztpraxis, wurde sie später Vorstandssekretärin in einem Großkonzern. Schon sehr früh engagierte sie sich im Schulelternbeirat, und damit begannen ihre ehrenamtlichen Tätigkeiten als grüne Dame im Krankenhaus und mit organisatorischen Aufgaben in einer Singakademie, in einer Partei und als Ortsbeirat.

Interview Nr. 7
Herr H. ist 61 Jahre alt, verheiratet und hat drei Kinder. Nach dem Volksschulabschluß machte Herr H. eine Schlosserlehre und später in einer Abendschule ein Ingenieurstudium. Schon sehr früh kam Herr H. über die

Kirche zu ehrenamtlichen Tätigkeiten, wie Telefonseelsorge, Gastarbeiterbetreuung und vieles mehr, bis hin zum Pfarrgemeinderat, wo er heute noch ehrenamtlich tätig ist. (Siehe auch Interview Nr. 8)

Interview Nr. 8
Herr H. ist 61 Jahre alt, verheiratet und hat drei Kinder. Nach dem Volksschulabschluß machte er eine Schlosserlehre und später in einer Abendschule ein Ingenieurstudium. Durch sein Engagement an seiner Arbeitsstelle wurde er schon bald zum Betriebsrat gewählt, ein Ehrenamt, das er 32 Jahre lang ausübte. Durch diese Tätigkeit und ein politisches Amt wurde er bald zum ehrenamtlichen Richter am Verwaltungsgericht berufen, wo er seit 30 Jahren tätig ist. Für seine Verdienste wurde ihm die „Römer Plakette“ verliehen. (Siehe auch Interview Nr. 7)

Interview Nr. 9
Herr R. ist 67 Jahre alt und hat ein Kind. Nach Abschluß der Volksschule und einer Schlosserlehre kam später noch die Meisterprüfung hinzu. Durch sein Engagement in einer Partei, wo er sich auch um Belange der Senioren kümmerte, wurde er später in den Seniorenbeirat gewählt. Herr R. ist seit vielen Jahren ehrenamtlich tätig.

Interview Nr. 10
Herr Sch. ist 67 Jahre alt, und seine Ehe ist kinderlos geblieben. Nach dem Besuch der Volks- und Mittelschule, letztere jedoch durch Kriegseinfluß ohne Abschluß, machte Herr Sch. eine Lehre als Dekorationsmaler. Eine weitere Ausbildung in einer Werksschule zum Chemiekant kam später hinzu. Über eine Anzeige des Sozialamtes, das ehrenamtliche Mitarbeiter für eine Seniorenwerkstatt suchte, gründen Herr Sch. und einige Gleichgesinnte 1994 die Seniorenwerkstatt. Seit 1995 ist Herr Sch. Vorsitzender der Seniorenwerkstatt.

Interview Nr. 11
Herr G. ist 63 Jahre alt, verheiratet und hat zwei Kinder. Nach Abschluß der Mittelschule, Fachhochschule und Lehre arbeitet Herr G. in einem großen Steuerberatungsbüro. Bei einem Gespräch mit der Seniorenbeauf-

tragten seiner Heimatgemeinde kam das Gespräch auf Probleme älterer Menschen mit Behörden und Steuerfragen. Herr G. war gern bereit, sein Wissen in den Dienst dieser Menschen zu stellen, und berät seit seiner Verrentung diesen Personenkreis ehrenamtlich.

Interview Nr. 12
Frau M. ist 61 Jahre alt und verheiratet. Nach dem Schulabschluß mit der Mittleren Reife schloß sich eine Banklehre an. Frau M. hilft bei Seniorennachmittagen in einer Altenwohnanlage. Ihr Organisationstalent kommt ihr dabei zugute. Da ihre Mutter lange Jahre in der Wohnanlage lebte, wußte sie, wo Hilfe nötig war, und seit ihrer Verrentung ist sie dort ehrenamtlich tätig.

Interview Nr. 13
Frau O. ist 62 Jahre alt und verheiratet. Nach dem Abitur machte Frau O. eine Ausbildung als Dolmetscherin. Als Büroleiterin, Personalratsvorsitzende und Parteimitglied wurde sie schon sehr früh ehrenamtlich tätig. Nachdem sie mit 60 Jahren in den Vorruhestand ging, kamen noch einige Ehrenämter hinzu. Frau O. ist jetzt Seniorenbeauftragte und auch für die Ausländerbetreuung zuständig. Durch ihre Engagement ist sie auch noch für viele Menschen Ansprechpartnerin in allen Lebenslagen.

Interview Nr. 14
Herr O. ist 62 Jahre alt und verheiratet. Herr O. ist seit vielen Jahren in einem Ruderclub als Trainer für Jugendmannschaften ehrenamtlich tätig. Neben dieser Tätigkeit baut und repariert er die Boote und versucht, auch den Jugendlichen im Verein dieses beizubringen.

Interview Nr. 15
Frau R. ist 55 Jahre alt, verheiratet und hat zwei Pflegetöchter bei sich aufgenommen. Nach dem Abitur machte sie ein Studium als Grundschullehrerin. Vor ca. 15 Jahren begann sie ihre ehrenamtliche Tätigkeit im evangelischen Regionalverband. Im Verlauf des Interviews vermutete Frau R. ein Eigeninteresse der U3L und war nicht mehr bereit, für das Interview zur Verfügung zu stehen.

Thema: Kontinuität und Bruch

bearbeitet von Frau I. Werner

Mit Hilfe der leitfaden-gestützten Interviews sollte u.a. ermittelt werden, ob und in welcher Weise die ehrenamtliche Tätigkeit verwoben ist mit den beruflichen Biographien der Interviewten, oder ob es Hinweise darauf gibt, daß mit Beginn eines neuen Lebensabschnitts, wie z.B. dem Eintritt in den Ruhestand, von der seitherigen beruflichen Biographie losgelöste, völlig neue Aktivitäten aufgenommen werden.
Es wurde also versucht herauszufinden, in welchem Umfang **Kontinuität** vorlag oder ein **Bruch** stattgefunden hat.

Die Interviews: Brüche

Um es vorwegzunehmen: Brüche der „radikalsten Art" nach dem Motto: Jetzt, nach dem Abschluß der beruflichen Aktivität arbeite ich auf dem Gebiet, auf dem ich schon immer arbeiten wollte, fanden bei keinem der Interviewten statt.

Es gab aber sehr wohl Brüche zu früheren Zeitpunkten in den Lebensläufen. Hier sind es vorwiegend die Frauen, die aus der beruflichen Biographie ausbrechen und im privaten Bereich vom erlernten oder ausgeübten Beruf abweichende ehrenamtliche Tätigkeiten aufnehmen und sie neben ihren beruflichen Tätigkeiten ausüben.

Da gibt es die Floristin, Frau H., (57 Jahre alt), die nach Eheschließung und schwerer Operation nebenbei stundenweise in einem Blumengeschäft aushalf, die jedoch nach und nach über ihre Arbeit in der evangelischen Kirche in die Position einer ehrenamtlichen Leiterin des evangelischen Frauenkreises einer Kleinstadt hineinwuchs. Mit Mutter-Kind-Treffen begann es. Kurse in Basteln und Blumenstecken, die sie in der Gemeinde initiierte, folgten. Hier sind noch Anklänge an ihren Beruf zu finden. Weil die finanzielle Absicherung nicht als ausreichend empfunden wurde, begann Frau H. nach der Frühpensionierung ihres Mannes wieder als Floristin halbtags zu arbeiten. Die ehrenamtlichen Aktivitäten wurden jedoch beibehalten.

Frau D., (66 Jahre alt) war als kaufmännische Angestellte in einem bekannten Großkonzern tätig. Schon während ihrer Berufstätigkeit arbeitete sie ehrenamtlich nacheinander in sehr unterschiedlichen Bereichen. *„Das ist bei mir so gewesen wie bei einem Stein, den man ins Wasser wirft und der immer größere Kreise zieht.“* Es begann mit der Arbeit in der Schule ihres Sohnes, den sie nach der Ehescheidung allein erzog. Dann wurde sie von der Kirchengemeinde und von der örtlichen Sozialstation wegen einer ehrenamtlichen Mitarbeit angesprochen. Sie gründete eine Single-Selbsthilfegruppe für Frauen. Derzeit sucht und gewinnt sie Referenten für Seminare der Erwachsenenbildung der katholischen Kirche. Außerdem hat sie seit kurzem eine Funktion im Gemeinderat.

Frau B., (72 Jahre alt), war nach dem Abitur in einer deutschen Gesandtschaft im Ausland tätig. Nach dem Krieg arbeitete sie als Assistentin in einer Arztpraxis und später als Vorstandssekretärin in einem großen Unternehmen. Sie zog einen außerehelichen Sohn groß. Neben ihrer Berufstätigkeit wurde sie in so vielfältiger Weise ehrenamtlich tätig, daß sie auf entsprechende Fragen im Interview antwortet, daß sie nicht weiß, womit sie anfangen soll, wenn sie nach ihren Ehrenämtern gefragt wird. *„Nun, zuerst war ich im Schulelternbeirat, dann im Vorstand einer Singakademie, später sog. Grüne Dame im städtischen Krankenhaus. Letzteres gab ich nach einigen Enttäuschungen, die mir widerfahren waren, auf, zumal mir ein politisches Amt angetragen wurde, das ich heute noch ausübe.“* Derzeit arbeitet sie ehrenamtlich als stellvertretende Vorsitzende einer politischen Partei und als Ortsbeirätin.

Eine weitere Interviewte, Frau M. (61 Jahre alt), war Bankangestellte und ist nicht mehr berufstätig. Sie entfaltete vielseitige Aktivitäten im Zusammenhang mit Senioren-Nachmittagen des Deutschen Roten Kreuzes. Ihre Mutter wohnte in einer Senioren-Wohnanlage, und Frau M erfuhr bei ihren Besuchen dort und auch aus Berichten ihrer Mutter, daß es eine Reihe von Mangelzuständen gibt und Menschen zur Hilfe benötigt werden. Sie organisierte Hilfskräfte, sorgte für Kaffee und Kuchen, beschaffte beispielsweise Karten für Spiele und mobilisierte eine Rentner-Band.

„Ich baue und repariere Boote in unserem Ruderclub und versuche dies auch den jugendlichen Vereinsmitgliedern beizubringen. Außerdem trainiere ich die Jugendmannschaft, da wir uns zur Zeit keinen hauptamtlichen Trainer leisten können." Herr O., (62 Jahre alt) war kaufmännischer Leiter eines größeren Industrieunternehmens und befindet sich seit knapp 2 Jahren im Ruhestand. Er hat ein Studium der Wirtschaftswissenschaften absolviert, sich jedoch entschlossen, die in Studium und Beruf erworbenen Fähigkeiten im ehrenamtlichen Engagement nicht zu nutzen, sondern hier seine handwerklichen und sportlichen Begabungen einzusetzen.

Die Interviews: Kontinuitäten

Bei der anderen Gruppe der ehrenamtlich Aktiven entwickelten sich die beruflichen und die ehrenamtlichen Tätigkeits-Stränge nicht unabhängig nebeneinander, sondern sind miteinander verwoben. Es ergab sich, daß die in der Berufsausbildung und während des Berufslebens erworbenen Fertigkeiten und Fähigkeiten für die ehrenamtliche Tätigkeit während der beruflichen Tätigkeit oder nach ihrer Beendigung genutzt und in der ehrenamtlichen Arbeit eingesetzt wurden.

Herr G., (63 Jahre alt), war als Steuerberater in großen Steuerberatungsbüros beschäftigt. Jetzt wird er von der städtischen Senioren-Beauftragten für Beratungstätigkeiten bei Senioren eingeteilt, die mit dem Ausfüllen ihrer Steuererklärungen nicht klarkommen. Er hilft beim Ausfüllen der Vordrucke und besucht Ämter mit den Hilfesuchenden. Er sagt, daß auch ihm selbst diese Tätigkeit noch etwas bringt. *„Ich bin gezwungen, mich mit den neuesten Gesetzen und Verordnungen zu beschäftigen, ich bleibe in dem erlernten Beruf auf dem laufenden und habe weiterhin Kontakt mit Ämtern und Institutionen, die ich aus meiner Berufszeit kenne."*

Herrn N., (56 Jahre alt), arbeitet ehrenamtlich als Ortsgerichtsschöffe. Sein Aufgabenbereich umfaßt Schätzungen von Grundstücken, Häusern, Anwesen, Gartengrundstücken für Verkäufe, Versteigerungen, Erbschafts- und Versicherungsangelegenheiten. Qualifiziert für diese ehrenamtliche Tätigkeit ist Herr N. durch seine berufliche Tätigkeit als Bauingenieur.

Durch seine Tätigkeit als Betriebsratsvorsitzender bei einem großen Unternehmen, in dem er als Elektrotechniker angestellt ist, ergab es sich, daß Herr S., (49 Jahre alt), von seiner Gewerkschaft, der IG-Metall, in die Vorschlagsliste zum ehrenamtlichen Richter am Arbeitsgericht aufgenommen wurde. Tatsächlich wurde er vor kurzem für 4 Jahre als Arbeitnehmer-Vertreter zum ehrenamtlichen Richter am Arbeitsgericht bestellt.

Seit 1961 ist Herr N., (56 Jahre alt) im Schützenverein einer Kleinstadt aktives Mitglied. Er ist Bauingenieur und als solcher im technischen Bereich der Deutschen Bahn tätig. (Er wurde bereits im 3. Absatz dieses Kapitels vorgestellt). Als Ortsgerichtsschöffe kann er auf vielfältige Weise seine in der beruflichen Arbeit erworbenen Fähigkeiten als Bauingenieur einsetzen. In seinem Lebenslauf gibt es neben der beruflichen biographischen Kontinuität aber auch eine Kontinuität in seinem privaten ehrenamtlichen Engagement für einen Schützenverein, das mehr als 30 Jahre währt. Mit der Zeit wuchs er in vielfältiger Weise in ehrenamtliche Arbeiten für seinen Verein hinein. Es mußte das Schützenhaus repariert werden, es gab Geburtstagsfeiern zu gestalten. Mannschaften mußten aufgestellt oder Kämpfe geleitet werden. Herr N. wurde als Standaufsicht oder im Kassenwartdienst eingesetzt. 1992 ist er zum 2. Vorsitzenden des Schützenvereins gewählt worden.

Die Ausbildung als Dekorationsmaler befähigt Herrn Sch. (67 Jahre alt) ganz besonders zu seinen Tätigkeiten in der Seniorenwerkstatt. Zwar hatte er sich nach Volksschule, Mittelschule ohne Abschluß, den die Einberufung zur Wehrmacht verhinderte, und der Dekorationsmaler-Lehre weiter qualifiziert durch den Besuch einer Werkschule, an der er eine zweite Ausbildung als Chemikant abschloß. Aber sein handwerkliches Geschick setzt er ein, indem er in der Seniorenwerkstatt das Aufarbeiten und Reparieren von alten Möbeln übernimmt, auch hier und da Kleinmöbel anfertigt und Spielzeug für Kindergärten und Schulen herstellt. Und dieses handwerkliche Geschick, verbunden mit Kreativität, hat er während seiner Tätigkeit als Dekorationsmaler erworben.

Herr R. (67 Jahre alt) hat eine Schlosserlehre absolviert. Nach Montage-Tätigkeiten im In- und Ausland machte er die Meisterprüfung. Danach bekam er eine Stelle als Betriebsleiter, machte sich nach einiger Zeit jedoch selbständig mit einem eigenen Unternehmen. Seine Berufserfahrung im Bereich des Handwerklichen und im Bereich Führung und Organisation brachte er in seine Tätigkeit in einer Seniorenwerkstatt und in einem Seniorenbeirat ein.

Frau O., (62 Jahre alt), verheiratet, machte nach dem Abitur eine Ausbildung als Dolmetscherin. Danach arbeitete sie als Büroleiterin. *„Ich habe mich schon ziemlich früh mit ehrenamtlicher Tätigkeit beschäftigt. Das fing in der Schule mit der Schülerzeitung an, dann ging es im Turnverein weiter, und während der Berufszeit war es schließlich die Kirche und dann noch die Partei, in der ich mich betätige."* Nachdem sie mit 60 Jahren in den Vorruhestand ging, hat sie in einer Schule eine Schülerzeitung initiiert. Nach wie vor macht sie Parteiarbeit. Inzwischen wurde sie Seniorenbeauftragte in ihrem Stadtteil, ist im Kirchenvorstand tätig und im Bereich der Kirche für Ausländerbetreuung zuständig. Hier kommen ihr ihre Sprachkenntnisse zugute.

Seit 2 Jahren befindet sich Herr H. (61 Jahre alt) im Vorruhestand. Nach dem Besuch einer Fachschule wurde er Maschinenbau-Schlosser; später hat er sich in einer Abendschule zum Ingenieur weitergebildet. Mehr als 35 Jahre war er in einem größeren Autozubehör-Unternehmen tätig, davon 32 Jahre Mitglied des Betriebsrates. In die Kategorie Kontinuität gehört er nur bedingt. Zwar arbeitet er kontinuierlich seit Jahrzehnten ehrenamtlich, hat sich dabei jedoch immer wechselnden Aufgabengebieten zugewendet. Er hat - etwa in zeitlicher Reihenfolge geordnet - in der Telefonseelsorge und in der Gastarbeiter-Betreuung gearbeitet. Er hat Gefangene betreut, war in der Krankenbetreuung tätig und war stellvertretender Vorsitzender des Stadtkreisverbandes des Vororts einer Großstadt, er war Parteidelegierter, Vorstandsmitglied eines Sozialausschusses und hatte ein Aufgabengebiet im Pfarrgemeinderat. Seit 30 Jahren ist er ehrenamtlicher Richter am Verwaltungsgericht.

Statistik

Wenn man die 15 aufgezeichneten Lebensläufe den beiden Kategorien Bruch oder Kontinuität zuordnet, so ergeben sich 5 „Brüche“ und 9 „Kontinuitäten“. 5 der Lebensläufe sind Lebensläufe von Frauen und 9 sind Lebensläufe von Männern.

4 von 5 Lebensläufen der Frauen und einer der Lebensläufe von Männern konnten der Kategorie „Bruch“ zugewiesen werden. Bei einem der 5 Lebensläufe von Frauen und 8 der 9 Lebensläufe von Männern ließ sich „Kontinuität“ nachweisen.

Eines der Interviews konnte keiner Kategorie zugeordnet werden, da die Interviewte keine verwertbaren Angaben machen wollte.

III. 4. Zusätzliche Auswertungen des statistischen Materials zum Thema: Zugänge zum Ehrenamt

Im Rahmen des Forschungsseminar entwickelte sich die Fragestellung, welchen Zugang die Befragten zu ihrem jeweils persönlich ausgeübten Ehrenamt hatten. In diesem Zusammenhang entstand die Idee, das statistische Material der schriftlichen Befragung aller Studierenden im Sommersemester 1995 nachträglich danach auszuwerten, wann, d.h. in welchem Lebensalter der Antwortenden das ehrenamtliche Engagement begonnen wurde und ob es hierbei Unterschiede zwischen Männern und Frauen gibt.

Lebensalter und Beginn des Ehrenamts

Die Hauptgruppe der ehrenamtlich Aktiven bis 70 Jahren begann das Engagement im Alter zwischen 56 und 65 Jahren (42%). Dennoch streut der Bereich der Lebensalter bei Beginn der ehrenamtlichen Tätigkeit über das gesamte Erwachsenenalter. Das deutet darauf hin, daß es neben dem neuen mit dem Überschreiten der Lebensmitte begonnenen ehrenamtlichen Engagement ebenso ein kontinuierliches lebenslauf-begleitendes ehrenamtliches Engagement gibt.

Lediglich in den Lebensaltersgruppen der 56-60jährigen und der 61-65jährigen wurden mehr Personen festgestellt, die zu diesen Zeitpunkten ein ehrenamtliches Engagement begonnen hatten. Das bedeutet, nach der vorgenommenen Einteilung des Lebensalters ist eine Häufung der Aufnahme einer ehrenamtlichen Tätigkeit bei Personen zwischen 56 und 65 Jahren festzustellen.

Tabelle 15: Lebensalter und Beginn des Ehrenamts

Lebensalter und Beginn des Ehrenamts	**Insgesamt**	**%**
bis 40 Jahre	25	12,9
41-45 Jahre	17	8,8
46-50 Jahre	24	12,4
51-55 Jahre	25	12,9
56-60 Jahre	34	17,5
61-65 Jahre	49	25,3
66-70 Jahre	20	10,3
Insgesamt	194	100,0

Graphik 1 zur Tabelle 15

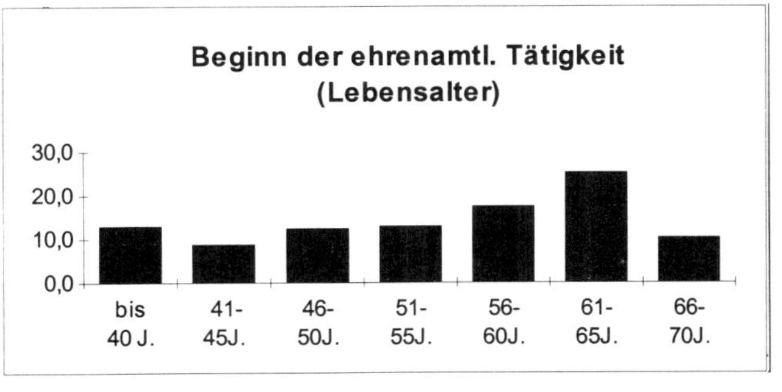

Tabelle 16: Lebensalter / Beginn des Ehrenamts

Lebensalter und Beginn des Ehrenamts	Männer	Frauen
bis 40 Jahre	48,0	52,0
41-45 Jahre	23,5	76,5
46-50 Jahre	50,0	50,0
51-55 Jahre	20,0	80,0
56-60 Jahre	41,2	58,8
61-65 Jahre	44,9	55,1
66-70 Jahre	40,0	60,0
Durchschnitt	39,7	60,3

In den Lebensaltersgruppen mit einer größeren Zahl an ehrenamtlich Beginnenden (56-65 Jahren) sind die Anteile von Männern und Frauen nicht grundlegend verschieden zur Zusammensetzung der Antwortenden insgesamt. Das heißt, die Aufnahme einer Tätigkeit erfolgte in diesen Lebensaltersgruppen von Männern wie Frauen gleichermaßen. Dagegen ist in der Gruppe derer, die mit 51-55 ein Ehrenamt begonnen haben, der Anteil der Frauen wesentlich höher als im Durchschnitt. Diese Aussage muß allerdings mit der Einschränkung erfolgen, daß sie sich auf lediglich 25 Personen bezieht.

Zusammenfassend kann festgehalten werden, daß sich auch am statistischen Material feststellen ließ, daß Ehrenämter oftmals bereits während der Berufstätigkeit aufgenommen wurden. Weitere Aufschlüsselungen nach Geschlecht und Art der Tätigkeit läßt das statistische Material nicht zu. Hier ist dennoch ein Beispiel gegeben, wie durch qualitative Forschung und konzeptionelle Überlegungen Anregungen für konkrete Fragestellungen entstehen können, die in Form vom schriftlichen Befragungen dann bearbeitbar werden.

III. 5. Problemorientierte Anmerkungen zum Forschungsseminar

Das hier angebotene und auch durchgeführte Forschungsseminar war ein Experiment, das an Lernende wie Lehrende außergewöhnliche Anforderungen stellte. Forschung verlangt die Bereitschaft, das bisher Gewußte in Frage zu stellen, um es überprüfen zu können. Der oder die Forschende muß bereit sein, Neues verstehen zu wollen - auch wenn es dem bisherigen sicheren Wissen widerspricht. Das ist eine hohe intellektuelle, aber auch psychische Anforderung an alle Teilnehmerinnen und Teilnehmer. Es stellt sich aber die Frage, ob diese psychisch-intellektuellen Anforderungen den Bedürfnissen der Studierenden im dritten Lebensalter gerecht werden. Sicherlich ist hier eine Differenzierung des Alters nach Phasen (Rationalisierung, Reflexion, Kontemplation, vgl. Böhme 1992) hilfreich, wobei dann danach gefragt werden sollte, ob und wenn ja in welcher dieser Phasen die Voraussetzungen für ein produktives Forschen gegeben sind. Anderenfalls droht die mit dem Anschein von Wissenschaftlichkeit ummäntelte Verlängerung und Zementierung von Vor-Urteilen, die dann aufgrund des eingenommenen Forscher-Habitus um so hermetischer werden.

Insofern ist ein wichtiges Element in solchen Projekten die Thematisierung der Rolle der Studierenden und der/des Lehrenden. Die Reflexion der eigenen Erwartungen im Verhältnis zu den Anforderungen des Forschungsprojektes ermöglicht es den Studierenden, ihr eigenes Interesse an Forschung im Studium und den möglichen Kompetenzgewinn realistisch einzuschätzen. Für die Lehrenden bedeutet dies, einerseits einen methodisch und inhaltlich angemessenen Input zu gewährleisten, andererseits im Verlauf des Forschungsseminars auch wieder die Rolle des Moderators/der Moderatorin und des/der Prozeßbegleiters/in einzunehmen.

Diese doppelte Rolle und die Frage, inwieweit die oben ausschnittweise genannten Anforderungen von den Teilnehmerinnen und Teilnehmern erfüllbar sind, berührt grundlegende Überlegungen, ob und wie die Verbindung von Lehre und Forschung gelingen kann. Versteht man Forschung als einen interaktiven-dynamischen Prozeß zwischen Forschenden und den

„Gegenstandsbereichen" der Forschung (was meist Personen sind, die verstanden werden wollen und sollen), dann ergibt sich aus dieser - im glücklichen Falle produktiven - Dynamik die Notwendigkeit der Teilhabe aller Forschenden an dem Prozeß, die nur schwer didaktisch gesteuert werden kann.

„Forschendes Lernen" (vgl. Stadelhofer, 1996) ist auf diesem Hintergrund ein tautologisches Schlagwort. Zudem verbirgt es die Probleme des „forschenden Lehrens". Denn ein geplantes didaktisches Vorgehen setzt die Kenntnis des Lernziels voraus. Das ist aber genau das Problem einer dynamisch-reflexiven Forschung: daß sie die Ziele des Forschungsprozesses, sogar ihren Gegenstand erst im Prozeß definiert und oftmals auch reformuliert. Andererseits bilden solche projektbezogenen Seminare im Studium Älterer ein Angebot zu „Selbstexperimenten mit der Wissenschaft" Ein methodisch-didaktisches Curriculum hierfür wäre noch weiter zu entwickeln.

IV. Schlußfolgerungen

Im Versuch, aus den Ergebnissen des Projektes Schlußfolgerungen für Angebotskonzeptionen der Universität des 3. Lebensalters wie überhaupt für Seniorenstudien zu ziehen, werden die Grenzen des Projektes und seiner Ergebnisse noch einmal deutlich. Wie bereits beschrieben, hatte es die doppelte Zielsetzung von Untersuchung und Forschungsseminar, beides in recht eingegrenztem Rahmen. Es konnten nicht alle Fragen erschöpfend behandelt werden. So haben die Schlußfolgerungen eher einen vorläufigen Charakter und sind als Hinweise für weitere Bearbeitung und Reflexion zu werten.

Es muß nicht besonders betont werden, daß ein gesellschaftlich konstatierter Bedarf an wissenschaftlicher Weiterbildung für Ältere im Sinne eines gesellschaftlichen Transfers („Verpflichtung" für das Gemeinwohl) keinen genügenden Begründungszusammenhang für die Entwicklung von Bildungsangeboten für Ältere an Hochschulen darstellen kann. Im Laufe des Projektes ist immer deutlicher geworden, daß eine solche utilitaristische gesellschaftspolitische Argumentation die Frage nach dem Wozu von Bildung im Alter nicht ersetzt. Lernbedarf kann nicht als objektiv-gesellschaftliche Größe ermittelt werden, sondern muß sich mindestens auch mit den subjektiven Deutungen und Bedürfnissen Älterer auseinandersetzen.

Wissenschaftliche Weiterbildung für Ältere definiert sich zudem über ihre Zugehörigkeit zur Hochschule. In ihr Profil geht auch ein Verständnis von Wissenschaft ein, das sich nicht in einem instrumentellen Zugriff auf Angebote und Fragen der „Ausbildung" erschöpfen kann.

Die Studierenden der U3L sind eine große, heterogene Gruppe. Das Studienangebot „bedient" bisher keine formalen Qualifizierungswünsche. Daher sind Motive und Bedürfnisse, die an den Besuch der akademischen Lehrveranstaltungen geknüpft werden, individuell verschieden. Es steht zwar das Motiv der Bildung und persönlichen Weiterentwicklung im Vordergrund, aber wie dieses jeweils bedeutsam wird und auf welche Weise und mit welchen konkreten Inhalten es umgesetzt wird, ist von Person zu Person sehr verschieden, wobei das Alter bzw. die jeweilige Lebensphase einen bedeutenden Einfluß hat. Für eine Teilgruppe vor allem der jüngeren Studierenden unter den Älteren ist sicher mit dem Wunsch nach persönlicher Weiterentwicklung auch die Suche nach neuen Orientierungen verbunden. Welchen Stellenwert aber dabei der Wunsch auf Erwerb von Kompetenzen für gesellschaftliche Tätigkeitsfelder einnimmt, ist nicht pauschal zu beantworten. Vermutlich ist davon auszugehen, daß die Frage einer gesellschaftlichen Rollenübernahme in einem umfassenden Sinne gestellt wird und sich nicht in der Aufnahme einer neuen Tätigkeit erschöpft. Bildungsbemühung im Alter wird zudem, stärker als in früheren Lebensabschnitten, auf Reflexions- und Kontemplationschancen zielen (Böhme 1992).

Aus den quantitativen Erhebungen wissen wir, daß der Prozentsatz der sich ehrenamtlich engagierenden Studierenden hoch ist. Für die Mehrzahl dieser Aktiven ist die Aufnahme einer ehrenamtlichen Tätigkeit keineswegs mit dem Eintritt in die nachberufliche Phase verbunden, sondern bereits weit früher im Lebenslauf angelegt. Diese Respondenten sind besonders aktive ältere Menschen, die sich offensichtlich nicht nur im Bereich der Bildung etwas zutrauen, sondern auch gesellschaftlich engagiert sind. Die Tatsache der ehrenamtlichen Arbeit hat aber keinen Einfluß auf die Wahl der Studienbereiche und -themen. Die ehrenamtlich Tätigen unterscheiden sich da nicht von den Nicht-Tätigen. Es spricht zunächst nichts dafür, daß das Ehrenamt eine spezifische Präferenz bei der Auswahl von Studienangeboten bestimmt, zumindest nicht bei dem derzeit angebotenen Programm. Bei dieser Betrachtung muß sicher mit einbezogen werden, daß das Angebot nicht ohne Wirkung auf die Nachfrage ist. Daher könnte im Zusammenhang mit der Einrichtung stärker auf Aktivität zielender Studienangebote die Frage interessant werden, wie diese Angebote von den unterschiedlichen Gruppen angenommen würden.

Die qualitativen Erhebungen führen weiter und zeigen sehr deutlich auf, wie vielfältig die Zugänge zu einer ehrenamtlichen Tätigkeit sind und wie stark sie mit der jeweiligen Lebensgeschichte verwoben sind. Daher speisen sich auch die eingesetzten Kenntnisse und Kompetenzen aus verschiedenen Quellen, z.B. aus beruflichem Wissen, der Offenheit und Einfühlungsfähigkeit für bestimmte Problemlagen, politischem Know-how, persönlicher Flexibilität und Tatkraft und anderen Dingen mehr. Weiterhin zeigte sich in den Erhebungen und Interviews die große Skala der Bereiche, in denen die Befragten tätig sind, und die Unterschiedlichkeit der Aufgaben auch innerhalb der einzelnen Bereiche. Daraus kann geschlossen werden, daß Bedürfnisse an Aus-/Weiterbildung und Begleitung, wenn sie denn auftreten, eng an die jeweilige Aufgabe und spezifische Situation gekoppelt sein werden. Auf diesen situationsgebundenen Bedarf haben in erster Linie die jeweiligen Träger und Organisationen zu reagieren. Dort sind solche Qualifizierungs- und Begleitaufgaben im engeren Sinne am besten aufgehoben. Dort können auch interne Konstellationen und Problemstellungen, wie z.B. Unklarheiten in der Arbeitsbeziehung zwischen haupt- und ehrenamtlichen Mitarbeitern, aufgegriffen und reflektiert werden.

Es kann zusammenfassend festgehalten werden, daß für die Mehrzahl der Studierenden der U3L der Besuch der angebotenen Veranstaltungen eher eine lebensbegleitende Aktivität darstellt denn eine „Vorbereitung" auf eine bestimmte Aufgabe, Tätigkeit oder auch einen bestimmten Lebensabschnitt. Der Zugang zum Studium auf der einen und zu einer ehrenamtlichen Tätigkeit auf der anderen Seite ist lebensgeschichtlich verankert und begründet. Für die Gruppe der gleichzeitig ehrenamtlich engagierten Studierenden gilt, daß Bildungsaktivität an der Universität des 3. Lebensalters und ehrenamtliches Engagement eher in einer indirekten Beziehung zueinander stehen, Bildungs- und Handlungsmotive ergänzen sich.

Aufgaben für wissenschaftliche Weiterbildung liegen nicht so sehr in der Qualifizierung für bestimmte Aufgaben im ehrenamtlichen Bereich, als vielmehr in der Eröffnung von Chancen für eine (Neu)-Orientierung in der nachberuflichen Lebensphase, die Fragen von Arbeitsorientierung und Nützlichkeit auf der einen Seite und von Selbstbezug und subjektivem Sinn von Engagement auf der anderen Seite reflektiert. Wird das Spannungsfeld von gesellschaftlichem Bedarf und individuellen Bedürfnissen negiert, läuft die Suche nach produktiven Altersrollen Gefahr, in neuen Normierungen eines unermüdlich tätigen Alters steckenzubleiben. Sollen in der Überprüfung der Studienkonzeption Fragen nach der gesellschaftlichen Nützlichkeit des Studierens im Alter aufgenommen werden, dann kann es nicht darum gehen, die Studierenden sofort Verwertungszusammenhängen zu unterwerfen.

Neue Inhalte und Formen, die auf gesellschaftliches Engagement zielen, können zu einer weiteren Differenzierung des Programms beitragen, wobei aber die grundsätzlichen Zielsetzungen einer allgemeinen wissenschaftlichen Bildung und einer alterspluralen Öffnung der Hochschule weiter Bestand haben müssen.

Im Rahmen des bestehenden wissenschaftlichen Profils ergeben sich für die Universität des 3. Lebensalters (und vergleichbare Institutionen) drei Ansatzpunkte für weitere Überlegungen:

Der erste bezieht sich auf die Studieninhalte. Im Rahmen des Seminarangebotes im Bereich der Sozialen Gerontologie sollten verstärkt Fragestellungen aufgenommen werden, die innerhalb der Gerontologie unter den Stichworten „Produktivität des Alters“ (vgl. Knopf 1997), und „Konzept der altersintegrierten Rollen“ (Riley/Riley 1992) diskutiert werden. Hier sollten Ergebnisse der Gerontologie im Zusammenhang mit Analysen gesellschaftlicher Entwicklung diskutiert werden. Dabei ist unter didaktischem Gesichtspunkt wichtig, in den Seminaren eine Auseinandersetzung mit subjektiven Deutungen und Orientierungen zu ermöglichen. Themenbereiche könnten etwa sein: Probleme der „Entberuflichung“, Leistung und Erfahrung, Arbeit und Identität, gesellschaftliche Organisation von Arbeit, Ehrenamt- und bürgerschaftliches Engagement, Selbsthilfe und Selbstorganisation und andere mehr.

Der zweite Vorschlag setzt sich mit einem möglichen Handlungs- oder Anwendungsbezug der Weiterbildung auseinander. Die dabei entstehende Idee ist nicht die Entwicklung einer formellen, strukturierten Ausbildung für nachberufliche Tätigkeiten allgemein, sondern eine Weiterentwicklung von projektorientierten Studienangeboten für spezifische Anwendungsbereiche. Im Kontext von Projekten mit konkretem Handlungsbezug läßt sich eine sinnvolle Verschränkung von Studieren und Tätigwerden herstellen. Dabei ist sowohl eine Hilfestellung und Unterstützung von universitärer Seite für selbstinitiierte Projekte der älteren Studierenden denkbar als auch eine Kooperation mit außeruniversitären Partnern. Thematisch kommen für die Universität des 3. Lebensalters in erster Linie das gerontologische Feld und das Feld von Forschung und Bildung in Frage.

Den dritten Ansatzpunkt für eine Weiterentwicklung des Programms stellen die im Rahmen des Projektes angestellten Überlegungen zur Didaktik und Methodik solcher Veranstaltungen dar. Die Erfahrungen können im Zusammenhang von Konzeptionsentwicklung helfen, Fragen nach der Art und Weise projektorientierten und forschungsbezogenen Studierens im Alter zu präzisieren.

Literatur

Backes, Gertrud M.: Zur Bedeutung des sozialen Ehrenamtes für ältere und alte Frauen, Zeitschrift für Gerontologie 26 (1993) 5, S. 349-354

Baltes, Paul B. / Mittelstraß, J.: Zukunft des Alterns und gesellschaftliche Entwicklung, Berlin, New York 1992

Baltes, Margret M.: Überlegungen zu einer neuen Alterskultur, in: Die Älteren - Engagement, Produktivität, Macht? (Resumée einer Tagung der Friedrich-Ebert-Stiftung), Bonn 1995

Böhme, Günther: Verständigung über das Alter oder Bildung und kein Ende, Idstein 1992

Deutscher Bundestag (Hrsg.): Zwischenbericht der Enquete-Kommission „Demographischer Wandel" - Herausforderung unserer älter werdenden Gesellschaft an den einzelnen und die Politik, Bonn 1994

Hummel, Konrad (Hg.): Bürgerengagement: Seniorengenossenschaften, Bürgerbüros und Gemeinschaftsinitiativen, Freiburg im Breisgau 1995

Knopf, Detlef u.a.: Produktivität des Alters. Reihe: Beiträge zur Gerontologie und Altenarbeit, Band 75, Berlin: DZA 1989

Knopf, Detlef: Früh beginnen. Perspektiven für ein produktives Alter, in: Funkkolleg Altern, Tübingen 1997

Kohli, Martin / Freter, Hans-Jürgen u.a.: Engagement im Ruhestand, Opladen 1993, S. 143-172

Igl, Gerhard: Rechtsfragen des freiwilligen sozialen Engagements: Rahmenbedingungen und Handlungsfelder, Stuttgart, Berlin, Köln 1994

Müller, Siegfried / Rauschenbach, Thomas (Hrsg.): Das soziale Ehrenamt. Nützliche Arbeit zum Nulltarif, 2. Aufl. Weinheim und München 1992

Nestmann, Frank / Schmerl, Christiane (Hg): Frauen - Das hilfreiche Geschlecht, Dienst am Nächsten oder soziales Expertentum?, Reinbek b. Hamburg 1991

Notz, Gisela: Frauen im Sozialen Ehrenamt, ausgewählte Handlungsfelder, Rahmenbedingungen und Optionen, Freiburg 1989

Otto, Ulrich: Freiwillige Tätigkeit statt selbstlosem Dienst für andere?, in Evangelische Impulse 17 (1995) 1, S. 21-24

Riley, Matilda W./Riley, John W., Jr.: Individuelles und gesellschaftliches Potential des Alterns, in Baltes, Paul B. / Mittelstraß, J.: Zukunft des Alterns und gesellschaftliche Entwicklung, Berlin, New York 1992

Sachße, Christoph: Ehrenamtlichkeit, Selbsthilfe und Professionalität. Eine historische Skizze, in Müller, Siegfried / Rauschenbach, Thomas (Hrsg.): Das soziale Ehrenamt. Nützliche Arbeit zum Nulltarif, 2. Aufl. Weinheim und München 1992, S. 5 -55

Schwank, Evelin u.a. : Voraussetzungen für gesellschaftliches Engagement in der 3. Lebensphase, Ergebnisse einer empirischen Studie, erstellt von Teilnehmerinnen und Teilnehmern der Universität des 3. Lebensalters, Frankfurt a.M. 1993 (unveröffentl.)

Stadelhofer, Carmen (Hg.): Kompetenz und Produktivität im dritten Lebensalter. Der Beitrag der wissenschaftlichen Weiterbildung zur Vorbereitung von Menschen im dritten Lebensalter auf neue Tätigkeitsfelder und neue Rollen in Gesellschaft, Wirtschaft und Bildung, Bielefeld 1996

Tews, Hans Peter: Ältere Menschen und bürgerschaftliches Engagement, in: Hummel, Konrad (Hg.): Bürgerengagement: Seniorengenossenschaften, Bürgerbüros und Gemeinschaftsinitiativen, Freiburg im Breisgau 1995

Thiersch, Hans: Laienhilfe, Alltagsorientierung und professionelle Arbeit. Zum Verhältnis von beruflicher und ehrenamtlicher Arbeit, in Müller, Siegfried / Rauschenbach, Thomas (Hrsg.): Das soziale Ehrenamt. Nützliche Arbeit zum Nulltarif, 2. Aufl. Weinheim und München 1992, S. 11-17

Vogt, Irmgard: Die freiwillige unbezahlte soziale Arbeit von Frauen: Fakten und Fiktionen, in: Erst war ich selbstlos, jetzt geh ich selbst los. Frauenarbeit in Ehrenamt und Selbsthilfe, mit Beiträgen von Heidi Berger u.a. Dokumente und Berichte der Parlamentarischen Staatssekretärin für die Gleichstellung von Mann und Frau der Landesregierung Nordrhein-Westfalen, 1987

Wessels, Christiane: Das soziale Ehrenamt im Modernisierungsprozeß, Chancen und Risiken des Einsatzes beruflich qualifizierter Frauen, Pfaffenweiler 1994

Verzeichnis der lieferbaren Publikationen zur Sozialen Gerontologie, die aus der Arbeit der Universität des 3. Lebensalters an der Johann Wolfgang Goethe-Universität hervorgegangen sind:

Böhme, G.; Dabo-Cruz, S. (Hrsg.): Erfahrung und Subjektivität. Der ältere, der alternde, der alte Mensch im Horizont gesellschaftlicher Bezüge. 5. Internationaler Workshop „Öffnung der Hochschulen für ältere Erwachsene", 8.-10. Oktober 1990 in der Universität Frankfurt am Main, Schulz-Kirchner Verlag, Idstein 1992

Böhme, G.: Verständigung über das Alter oder Bildung und kein Ende. Eine gerontologische Studie, Schulz-Kirchner Verlag, Idstein 1992

Neufeld, H. u.a.: Der ältere Mensch als Wirtschaftsfaktor; Informationsschrift, Frankfurt am Main 1992

Neufeld, H. u.a.: Ältere Menschen als Zeitungsleser, Frankfurt am Main 1993

Böhme, G. (Hrsg.): Zeit haben und Zeit finden. Vorträge der Gerontologischen Tage 1991 und 1992 der Universität des 3. Lebensalters an der J. W. Goethe-Universität Frankfurt a. M., Schulz-Kirchner Verlag, Idstein 1993

Böhme, G. (Hrsg.): Kindheit: Über die Relation von Alter und Kindheit. Vorträge der Gerontologischen Tage 1993 der Universität des 3. Lebensalters an der J. W. Goethe-Universität Frankfurt a. M., Schulz-Kirchner Verlag, Idstein 1994

Böhme, G.; Potyka, K.: Erfahrung in Wissenschaft und Alltag. Eine analytische Studie über Begriff, Gehalt und Bedeutung eines lebensbegleitenden Phänomens, Schulz-Kirchner Verlag, Idstein 1995

Neufeld, H. u.a.: Bilder älterer Menschen in der Tagespresse, Frankfurt am Main 1996

Böhme, G. (Hrsg.): Geschichte und Geschichten. Das historische Bewußtsein und der Prozeß des Lebens. Um einige Beiträge erweiterte Vorträge der Gerontologischen Tage 1996 der Universität des 3. Lebensalters, Schulz-Kirchner Verlag, Idstein 1997

Zeit haben und Zeit finden

Vorträge der Gerontologischen Tage 1991 und 1992 der Universität des 3. Lebensalters an der J. W. Goethe-Universität zu Frankfurt a.M.

Von Günther BÖHME (Hrsg.), 116 Seiten, Idstein 1993, ISBN 3-8248-0080-2, kart., DM 19,80, öS 145,-, sFr 19,-.

Die in diesem Buch wiedergegebenen Vorträge sind auf den Gerontologischen Tagen der Universität des 3. Lebensalters an der Johann Wolfgang Goethe-Universität in den Jahren 1991 und 1992 gehalten worden. Die erste Tagung stand unter dem Thema „Des Menschen Zeit", die andere unter dem Thema „Lust und Last des Alters". Der Grundgedanke, der auf den Tagungen entfaltet wurde, ist im Titel wiedergegeben: Der alte Mensch hat zunehmend mehr Zeit und steht vor der Frage, wie er damit sinnvoll und auf eigene Weise erfüllt umgehen kann und auf der anderen Seite muß der Alternde Zeit, die ihm zu entschwinden droht, finden, um seine Welt zu ordnen.

Erfahrung in Wissenschaft und Alltag

Von Günther BÖHME/Klaus POTYKA, 156 Seiten, Idstein 1995, ISBN 3-8248-0146-9, kartoniert, DM 28,-, öS 204,-, sFr 26,-

Die Literatur wird darüber befragt, was zum Begriff der Erfahrung in der Philosophie, in den Naturwissenschaften und Geisteswissenschaften gesagt wird. Dem unterschiedlichen Verständnis in den Wissenschaften wird der Erfahrungsbegriff gegenübergestellt, mit dem die Alltagserfahrungen gemeint sind. Besonderes Augenmerk wird auf die Differenzierung von alltäglicher Erfahrung gelenkt: mitmenschliche Erfahrung, berufliche Erfahrung, geistige Erfahrung. Gerade letztere spielt eine erhebliche Rolle bei älteren, alternden und alten Menschen. Insofern kann das Buch auch dazu dienen, Klarheit über die in allen Menschen sich vollziehenden Bewegungen des Geistes und Gemüts zu gewinnen: der Mensch reift durch Erfahrung und er soll wissen, daß er es tut.

Zu beziehen sind diese Bücher über den
Schulz-Kirchner Verlag, Postfach 9, D-65505 Idstein, Tel.: 0 61 26 / 93 20-0, Fax: 5 21 79